Gisela Walter

Ich und meine Freunde

Gisela Walter

Ich
und meine Freunde

Kinder werden selbstbewußt
und tolerant
Spiele, Lieder und Erlebnisse
zur Förderung des sozialen
Verhaltens in der Kindergruppe

mit Liedern von Gerhard Schöne
und Illustrationen von
Betina Gotzen-Beek

Herder Freiburg · Basel · Wien

Gedruckt auf umweltfreundlichem,
chlorfrei gebleichtem Papier

2. Auflage

Einbandgrafik: Barbara Theis, Freiburg
Textgrafik: Betina Gotzen-Beek, Freiburg
Notengrafik: prima nota, Korbach

Satz: Barbara Herrmann, Freiburg
Druck und Bindung: Freiburger Graphische Betriebe 1999
ISBN 3-451-26969-4

Vorwort

„Ich und meine Freunde" heißt der zweite Band des Buch-Quartetts, das die Förderung des Sozialverhaltens von Kindern zum Anliegen hat. Im ersten Band ging es darum, Kindern Ich-Stärke, Stabilität und Selbstvertrauen zu vermitteln. In diesem zweiten Band wird dargestellt, wie wir Kinder dabei unterstützen können, sich in einer Gemeinschaft zurechtzufinden. Für die Persönlichkeitsentwicklung von Kindern sind Kinderfreundschaften genau so wichtig wie gute Beziehungen zu Eltern und Geschwistern. Unter Freunden fällt es leichter, sich in eine Gruppe einzufügen und soziale Verhaltensregeln zu akzeptieren.

Doch immer häufiger beobachten wir, daß es Kindern schwer fällt, mit anderen in Kontakt zu kommen und Freundschaften zu schließen. Sie haben noch nicht gelernt, wie man auf andere zugeht, jemanden freundlich anspricht, ihm aufmerksam zuhört, auch mal nachgibt, etwas hergibt, etwas teilt, wie man fair streitet und sich wieder einigt, wie man sich in eine Gruppe einordnet, ohne sich unterzuordnen, und wie man mutig seine Meinung sagt, auch wenn die Gruppe anders denkt.

Wie Sie Kinder auf ihrem Weg zu neuen Freundschaften begleiten und ihren Einstieg in das Gruppenleben erleichtern können, zeigt dieses Buch.

Das erste Kapitel beinhaltet Spiele, bei denen Kinder einen Spielpartner besser kennenlernen, auf seine Besonderheiten aufmerksam werden und Gemeinsamkeiten und Unterschiede erfahren. Die Kinder kommen sich näher, werden miteinander vertrauter und haben viele Chancen, einen Freund zu finden.

Im zweiten Kapitel sind Spiele beschrieben, die einen intensiveren Kontakt zwischen den Kindern ermöglichen, um begonnene Beziehungen zu vertiefen, gemeinsame Interessen zu entdecken und neue Freundschaften zu knüpfen.

Für das dritte Kapitel wurden Spiele ausgewählt, bei denen im besonderen die sozialen Verhaltensweisen geübt werden. Die Spielsituationen tragen dazu bei, daß die Kinder den Vorteil einer sozialen Gemeinschaft bewußt erleben und die Bedeutung einer guten Freundschaft erkennen.

Die Abenteuerspiele im vierten Kapitel verstärken das Gemeinschaftserlebnis. In phantasievollen Spielaktionen erfahren Kinder, wie schön es ist, einer Gruppe anzugehören.

Gisela Walter
Dezember 1997

Inhalt

2. Kapitel
Wir können so viel miteinander machen

1. Kapitel

Ich und du

He – du da!

Kinder brauchen Freunde

Mit einem Freund zur Seite lebt sich der Kinderalltag mit all den vielen Dingen, die es zu erfahren und zu lernen, zu bestehen und zu bewältigen gibt, viel leichter. Die meisten Kinder fühlen sich in einer Kindergruppe erst dann richtig wohl, wenn sie dort auch einen Freund haben. Das macht sie stark, gibt Mut und Sicherheit.
Doch viele Kinder wissen nicht, wie sie einen Freund finden können. Manche versuchen dann, mit frechen Streichen aufzufallen, und bemühen sich auf diese Weise um Kontakt und Zuwendung – und erfahren Ablehnung und Streit. Eine verzwickte Situation.
Andere Kinder sind sehr schüchtern, trauen sich nicht, auf jemanden aus der Gruppe zuzugehen und ihn anzusprechen. So ziehen sie sich hilflos in eine Ecke zurück, schmollen und nehmen lieber die Rolle des Außenseiters ein.
Wie können Sie den Kindern bei ihrer Suche nach einem Freund helfen? Das ist das Anliegen dieses ersten Kapitels. Hier sind neue und auch altbekannte Spiele zusammengetragen, bei denen Kinder die anderen aus ihrer Gruppe näher kennenlernen, erste Kontakte knüpfen und gemeinsame Interessen finden können. Es ist der erste Schritt auf dem Weg vom Ich zum Du und kann der Anfang von neuen Kinderfreundschaften sein.

Wie heißt du?

In einer Kindergruppe mit zwanzig und mehr Kindern kommt es öfter vor, daß einige Kinder nicht alle Namen der anderen kennen oder ein paar Namen wieder vergessen haben. Und wer getraut sich schon nachzufragen und zu sagen: „Wie heißt du? Ich hab' es vergessen!"
Bei diesem Spiel werden ohne viel Aufhebens alle Namen der Kinder nochmals ausgetauscht.
Die Kinder wandern, hüpfen oder bummeln durch den Gruppenraum, kreuz und quer. Eine schwungvolle Cassettenmusik bringt gute Laune ins Spiel. Sobald die Musik gestoppt wird, bleiben alle Kinder stehen und stellen sich zu zweit zusammen. Klar, daß auch mal drei in einer Gruppe sein können. Nun sagt jeder laut seinen Namen. Das ist plötzlich ein Raunen und Rufen, weil alle Kinder zur gleichen Zeit ihre Namen sagen. Doch gerade dieses Namendurcheinander ist so lustig.

Und schon geht die Musik und damit die Wanderschaft wieder los. Beim nächsten Mal treffen sich andere Kinder. Und ein andermal sagt jeder den Namen des anderen Kindes.

Guten Tag, guten Tag!

Auch bei diesem Spiel geht es lustig zu. Wiederum begleitet die Musik die kleinen Wanderer im Gruppenraum. Wenn die Musik verstummt, beginnt das Guten-Tag-Sagen: Alle Kinder marschieren weiter, reichen aber jedem Kind, dem sie jetzt begegnen, die Hand und rufen laut: „Guten Tag!"
Das gibt ein Kichern, denn so viele Hände zu schütteln ist gar zu komisch! Schon erklingt wieder die Wandermusik, und jeder zieht seiner Wege.
Wie lange dauert dieses Spiel? Drei, vier oder fünf Minuten halten die Kinder das schon aus.

Gleich oder anders?

Was ist gleich, was ist unterschiedlich? Das gilt es bei diesem Spiel herauszubekommen. Die Kinder vergleichen und messen zum Beispiel die Hände, die Füße, die Körpergröße, die Frisur, die Haarfarbe, die Hosenfarbe … und vielleicht sogar die Ringelsocken.
Die Spielregel: Wieder hilft die Cassettenmusik, die Kindergruppe durcheinander zu wirbeln. Wenn die Musik gestoppt wird, scharen sich zwei, drei oder höchstens vier Kinder zusammen. Dann geht es los: Die Hände werden gegeneinander gehalten, die Füße oder Schuhe nebeneinander gestellt, Rücken an Rücken wird die Körpergröße verglichen. Und wer in der Gruppe hat dunkle, blonde oder rote Haare? Wer trägt blaue Jeans? Die Kinder vergleichen und betrachten alles, was ihnen so in den Sinn kommt.
Nach kurzer Zeit ertönt wieder Musik, und die Kinder wandern weiter.

Für meinen Freund

Text und Melodie: Gerhard Schöne

Es macht Spaß, mit dir Unsinn auszuhecken.
Wenn du traurig bist, dann kommst du zu mir.
In die Wolken seh'n, Bilder drin entdecken,
oder einfach still sitzen neben dir.

Mit dir kann ich das,
nicht mit jedem,
weil wir, du und ich,
Freunde sind.

Es macht Spaß, mit dir durch den Matsch zu hopsen.
Bringst du Kekse mit, gibst du mir was ab.
Mit dir könnte ich Elefanten mopsen,
dir erzähl ich auch, wenn ich Kummer hab.

Mit dir kann ich das,
nicht mit jedem,
weil wir, du und ich,
Freunde sind.

Du und ich

Die folgenden Spiele sind geeignet, daß sich die Kinder in einer großen Kindergruppe besser kennenlernen und einzelne sich auch ein bißchen näherkommen können. Ausgewählt sind hier altbekannte Kinderpartyspiele, wie sie schon unsere Großeltern als Kinder mochten. Diese Spiele erfüllten den Zweck, auf einen Spielpartner direkt zugehen zu dürfen und so mit ihm näher in Kontakt kommen zu können.
Doch wen wundert es, daß diese Spiele auch heute noch bei Kindern sehr beliebt sind?

Schau mal her

Zwei Kinder, die sich gut verstehen, sitzen sich gegenüber.

Die Spielregel: Wie lange könnt ihr euch anschauen? Reden und Lachen sind natürlich erlaubt! Denn für manches Kind ist es sehr ungewöhnlich, so aufmerksam angeschaut zu werden. Da hilft ein Grinsen oder lautes Lachen, diese Schüchternheit zu überspielen. Aber aufregend schön ist es trotzdem!
Mit Ihren Fragen können Sie diesem Spiel die richtige Richtung geben: Schau mal, was der andere für eine Augenfarbe hat. Hat dein Spielfreund einen Ohrring? Und wie sieht er aus, wenn er grinst? Kann er mit den Augen blinzeln, mit den Nasenflügeln wackeln?
Wenn ein Kind das Spiel beenden will, klatscht es in die Hände. Wollen die beiden es noch einmal versuchen oder sich einem neuen Spielpartner zuwenden? Mitmachen freiwillig!
Weitere Anregungen zu diesem Spiel sind in Band 1: „Ich“ auf den Seiten 14 und 15 nachzulesen.

Spielst du mit mir?

Spiele zu zweit – dieses Angebot brauchen Kinder immer wieder. Da können sie sich ganz auf den Spielpartner einstellen, gemeinsam das Spieltempo bestimmen, auch mal die Spielregeln verändern und neue Regeln hinzufügen. Diese Absprachen gehen zu zweit problemlos. Der Kontakt ist offen, die Beziehung wird intensiv erlebt, und manche neue Freundschaft entwickelt sich aus solch einem gemeinsamen Spiel.

Wir malen gemeinsam ein Bild

Zeichenblatt und Wachsmalstifte liegen auf dem Tisch. Julia beginnt und malt ein oder zwei Dinge auf das Blatt, mehr nicht. Jan schaut einfach zu. Dann bekommt er das Bild zugeschoben und malt auch etwas, was seiner Meinung nach zum Bild paßt. Dann ist wieder Julia an der Reihe, schaut das Bild an, überlegt und malt weiter. So wandert das Zeichenblatt hin und her, wird bunter, voller, dichter.
Meistens versammeln sich bei diesem Malspiel andere Kinder um den Tisch und verfolgen neugierig die Entstehung des Bildes. Es ist ja auch eine spannende Sache, und über das Ergebnis staunen selbst Julia und Jan: Das haben wir gemeinsam gemalt!

Wir bauen zusammen eine Burg

Eine ganze Bauklotzkiste brauchen die beiden Architekten für diese Burg. Sie haben ihr Interesse an den Klötzen angemeldet und bekommen ihr Baumaterial, so lange sie es brauchen.
Die Spielregel: Wiederum abwechselnd nehmen die Kinder zwei oder drei Bauklötze und legen, stapeln und türmen sie nebeneinander und aufeinander. Der eine baut, der andere schaut zu, immer im Wechsel, keiner bestimmt.

Wir machen miteinander Musik

Zu zweit Musik machen, einfach so miteinander musizieren, geht denn das? Na klar, und es klingt auch schön! Mit welchen Instrumenten wollen die Kinder spielen? Vielleicht mit Xylophon oder Glockenspiel?
Bei den Instrumenten werden nur alle Klangstäbe mit den C-, E- und G-Tönen aufgelegt, die anderen Töne bzw. Klangstäbe einfach herausnehmen.
Nun können die beiden Musikanten nach Herzenslust miteinander spielen, mit einem oder zwei Schlägeln, auf einem oder auf zwei Instrumenten. Die Töne passen immer zusammen, und die Musik klingt wie ein Glockengeläut. Die beiden Spieler werden aufeinander hören und nach und nach zu einem gleichen Rhythmusspiel finden.

Vertrauen haben

Vertrauen ist die beste Basis, auf der eine Freundschaft wachsen kann. Es sind die persönlichen Erlebnisse und Erfahrungen, die ein Kind dazu bringen, dem anderen zu vertrauen.
Bei den Spielen, wie sie auf dieser Seite beschrieben sind, erleben Kinder Situationen, in denen sie Vertrauen erfahren und entwickeln können, sogar gegenüber einer Gruppe. Interessant zu wissen, daß solche Vertrauensspiele auch in Therapien eingesetzt werden können.

Augen zu

Wer möchte bei diesem Spiel beginnen? Der sucht sich einen Freund, dem er vertraut. Denn der muß ihn durch den Raum führen, in dem viele Hindernisse aufgebaut sind. Diese werden gemeinsam aufgestellt: Stühle, Schachteln, Puppenwagen, Autos oder sogar die anderen Mitspieler. Dann werden Start und Ziel bestimmt, und los geht's mit verbundenen Augen:
Der Mitspieler führt seinen Spielfreund langsam und vorsichtig an allen Stolpergefahren vorbei. Die ersten Schritte des „Blinden" sind vielleicht ängstlich und zögernd, doch danach werden die Schritte größer und mutiger, denn auch das Vertrauen zum Spielpartner nimmt immer mehr zu.
Manchmal machen Spieler sich den Spaß und nehmen alle Hindernisse heimlich weg, lassen also den „blinden" Mitspieler an den nicht mehr vorhandenen Gefahren vorsichtig vorbeitapsen – und amüsieren sich köstlich über den Streich. Was da wohl gelernt wird?

Mund auf

Wer anstatt seines Vesperbrotes auch mal gerne Pudding oder Grießbrei ißt, der wird hier mitspielen wollen und voll auf seine Kosten kommen. Dabei werden ihm die Augen verbunden, und er braucht nur noch wie im Schlaraffenland seinen Mund aufzusperren, sogleich wird er gefüttert.
Auf den zweiten Blick aber geht es auch hier nicht ohne Vertrauen. Denn der eine verläßt sich auf den anderen, daß dieser ihn nicht im Gesicht verschmiert und ihm auch keine ekeligen Sachen zu essen gibt.
Deshalb ist bei diesem Spiel wichtig, daß jeder seinen Mitspieler selbst auswählen darf. Und wer genug vom Füttern hat, klatscht in die Hände, und das Spiel ist aus.

Sich auf die anderen verlassen

Welch ein gutes Gefühl zu erleben, daß man sich auf die Gruppe verlassen kann!
Ein Kind legt sich als Puppe auf eine Decke. Die anderen Kinder stehen rundum, alle packen die Decke am Rand fest und ziehen sie in die Höhe, ganz langsam. Und dann können die Kinder ihre große Puppe wie in einer Wiege hin und her schaukeln.
Es ist schön, von den anderen getragen und gewiegt zu werden!

Kribbel-Krabbel-Spiele

Es gefällt Kindern sehr, sich gegenseitig zu kitzeln, liebevoll zu streicheln, zärtlich zu knuddeln, ganz dicht nebeneinander zu sitzen, sich an der Hand zu halten – aber alles nur mit dem besten Freund. Na klar! Und dazu gibt es ein paar Spiele. Mitmachen ist freiwillig! Und wer nicht will, hat vielleicht Spaß beim Zuschauen?

Aufgepaßt
Wenn sich ein Kind bei diesen Spielen zurückzieht, sich auffällig benimmt, ängstlich oder aggressiv reagiert, dann ist Aufmerksamkeit geboten. Hat es einen schlechten Tag? Spielt die beste Freundin oder der Freund mit einem anderen? Oder hat das Kind grundsätzlich Probleme mit liebevoller Berührung? Meidet es den Körperkontakt? Schlägt es zu, wenn man es anfaßt? Das sollten Sie über einen längeren Zeitraum hinweg genauer beobachten. Und wenn die Gespräche mit den Eltern keinen sinnvollen Aufschluß geben, sollten Sie Hilfe bei einer psychologischen Beratungsstelle einholen. Dem Kind zuliebe!

Rückenbilder

Till und Lars sitzen hintereinander, Till malt mit seinem Finger auf dem Rücken von Lars ein Bild, zuerst eine Sonne, dann eine Blume, einen Ball, einen Baum und dann einen Igel. Lars kichert, weil die Igelstacheln kitzeln.
Anfangs könnten Sie als Spielleiter ein paar Ideen für die Rückenmalerei geben. Es wird nicht lange dauern, und die Kinder wissen selbst, welche Bilder am schönsten zu spüren sind. Hauptsache, es kribbelt so angenehm!

Schule
Haben die Kinder schon ein paar Buchstaben gelernt? Gut, dann können diese auch mal auf den Rücken des Nebensitzers geschrieben werden.

Eine Krabbel-Geschichte

Bei diesem Spiel dauert die Rückenkrabbelei herrlich lange:
Zuerst scheint die Sonne (Sonne auf den Rücken malen), dann kommt Wind auf (mit der Hand über den Rücken streichen), Regenwolken ballen sich zusammen (mit der Faust kreisen), die ersten Regentropfen fallen (mit den Fingern leicht stupsen), dann wird der Regen stärker (die Finger tippen immer schneller), dann gibt es einen heftigen Regenguß (alle Finger fahren von oben nach unten über den Rücken), der Regen geht vorüber, und es fallen nur noch wenig Regentropfen (einzelne Fingertapser), dann scheint wieder die Sonne (Sonne malen), und es wird warm (beide Handflächen bleiben ein Weilchen auf dem Rücken liegen).
Klar, daß man bei dieser Rückenmalerei liebevoll mit dem Spielpartner umgeht. Auch die Regentropfen dürfen nur ein bißchen kitzeln. Wenn es zu heftig wird, kann man es ja sagen!

Weitere Mal- oder Spielideen:
Eine Landschaft oder ein Gesicht malen, einen Fingerreim auf dem Rücken spielen oder einen Apfelkuchen backen, mit Teig kneten, Teig auswellen, Äpfel verteilen und Rosinen verstreuen.

Familie
Vor dem Schlafengehen sind solche Rükken-Krabbel-Geschichten am schönsten. Da wird der Mond aufgehen, Tiere legen sich schlafen, und ein sanfter Abendwind streicht über den Rücken.

Feder-Streichelei

Leni liegt auf einer Decke. Schön gemütlich und warm ist es da. Ihr Freund Simon sitzt neben ihr, hat eine Feder in der Hand und ist bereit, alle Feder-Streichel-Wünsche zu erfüllen. „Auf der Stirn“, sagt Leni, und Simon streicht sanft über Lenis Stirn. „Am Knie“, „auf der Hand ...“ So geht das Spiel immer weiter, bis einer der beiden „Ende!“ ruft, dann werden die Rollen getauscht.

In der Kribbel-Krabbel-Stadt

Wer will, kann jetzt mitmachen und sich in den Kreis setzen. Alle drehen ihren Stuhl nach rechts, so daß sie auf den Rücken des Nebensitzers schauen. Da wird auch gleich allerhand passieren. Manche Kinder beginnen schon zu kichern, denn sie wissen, was sie gleich erleben werden. Als Spielleiter erzählen Sie, welchen Weg die Kinder durch die Kribbel-Krabbel-Stadt gehen, zum Beispiel diesen:
„Zuerst wandern wir durch die Streichelstraße, dann biegen wir in den Fingertippweg ein, bald darauf geht es in die Klopfstraße, dann den Krabbelweg hinauf ...“
Alle Kinder spielen auf dem Rücken des Vordermannes mit. So ein Stadtrundgang ist schön!
Was, schon zu Ende? „Noch einmal!“ rufen die Kinder. Aber sicher!

Das sag ich nur dir!

Kindergeheimnisse

Da sitzen Sophie und Lilli in der Ecke und flüstern miteinander. Die Wangen glühen, die Augen glänzen. O lala, was gibt es da zu tuscheln? Das weckt die Aufmerksamkeit der anderen. Haben die beiden Mädels einen Streich ausgeheckt, oder etwas Schlimmes angestellt? Einige Kinder, die in der Nähe stehen, wollen es genauer wissen. Nichts zu machen! Die beiden halten dicht. Das ärgert die anderen, und mit „bäh“ und herausgestreckter Zunge ziehen sie ab.
Und wie reagieren Sie? Werden Sie etwa argwöhnisch und mißtrauisch? Das wäre schlimm! Oder haben Sie Vertrauen in die beiden und zwinkern ihnen vergnügt und zustimmend zu? Das wäre prima! Denn Geheimnisse mit einem Freund oder einer Freundin zu haben, das ist schön, das macht stark und verbindet die Freunde miteinander. Allerdings darf so ein Getuschel hinter dem Rücken anderer nicht ausgrenzend sein und Dritte verletzen.

Bei den folgenden Spielen können die Kinder diese Spannung eines Geheimnisses erleben und zugleich testen, wie lange sie es aushalten, nichts zu verraten. Beim ersten Spiel kommt es darauf an, ein kurzes Weilchen ein Geheimnis nicht preiszugeben, beim Geburtstagsgeheimnis darf man einen ganzen Tag nichts von der Überraschung ausplaudern.

Streng geheim!

Auf einem Hocker steht ein bunt beklebtes, glitzerndes Schatzkästchen mit geheimnisvollem Inhalt! Die neugierige Kinderschar sitzt im Kreis. Einer nach dem anderen kommt und schaut in das Kästchen. Was ist drin? Das darf man nicht verraten! Mit geheimnisvoller Miene wird jedes Kind an seinen Platz zurückkehren. Ob dieses Kribbeln im Bauch auszuhalten ist? Und zwar so lange, bis auch das letzte Kind im Kreis Bescheid weiß, dann erst hört diese Heimlichkeit auf. Auf „Achtung, fertig, los!“ rufen alle herzhaft laut das Geheimnis aus.
Und was kann es sein? Zum Beispiel ein kleiner Stoffzwerg oder ein Porzellan-Engelchen, oder … nein, jetzt wird nichts mehr verraten!
Zum Schluß könnten Sie eine kleine Phantasiegeschichte zu dem jeweiligen Gegenstand erzählen.

Geburtstagsgeheimnis

Auch das kann ein Anlaß sein, mit den Kindern das „Geheimhalten“ zu üben: Immer, wenn ein Kindergeburtstag bevorsteht, basteln die anderen Kinder einen Tag vorher das Geburtstagsgeschenk, Ideen dazu gibt es auf Seite 32. Und dann heißt es, das Geheimnis zu wahren, keiner darf verraten, was gebastelt wurde.
Doch was tun, wenn es einer nicht mehr aushält und heimlich seinem Geburtstagsfreund alles verrät? Nun, machen wir kein Problem daraus, unter Freunden gelten eben andere Regeln!

Da gibt es noch etwas

Manchmal kann ein Geheimnis ein Kinderherz sehr bedrücken! Dann ist alles anders, dann kribbelt der Magen nicht aufregend wohlig, sondern tut weh. Dann kommt nicht Freude auf, sondern Angst macht sich breit. Das ist ein Zeichen dafür, daß mit dem Geheimnis etwas nicht stimmt! Und solche Geheimnisse darf man verraten.
So oder so ähnlich könnten Sie den Kindern den Unterschied erklären und damit manchem Kind aus seiner Zwickmühle, in die es geraten ist, wieder heraushelfen.

Geheimnis-Murmel
Geben Sie den Kindern etwas in die Hand, zum Beispiel eine Geheimnis-Murmel oder eine Geheimnis-Perle. Diese soll das Kind daran erinnern, daß es ein unangenehmes Geheimnis auch verraten kann und daß dann gar nichts Schlimmes passiert!
Die Spielregel: Wenn das Kind seine Geheimnis-Murmel in der Hand hält, darf es mit Ihnen über jedes Geheimnis sprechen – und nichts und niemand kann ihm etwas zuleide tun! Wirklich! Hat es mal seine Geheimnis-Murmel verloren, bekommt es von Ihnen schnell wieder eine neue.

Trau dich!

Wenn der Freund neben einem steht, ist man viel mutiger! Dann verschwindet die Angst vor Nachbars Hund, vor dem dunklen Keller, vor dem großen, frechen Heiko. Dann ist alles halb so schlimm.
Zusammen mit dem Freund wagen Kinder mutige Schritte. Ein gutes Gefühl, gemeinsam stark zu sein! Das erleben Kinder bei diesem Spiel.

Im Gruselkabinett

Sie werden sich vielleicht wundern, aber dieses Spiel wird tagelang der Spiel-Hit Ihrer Gruppe sein. Was ist da so besonders? Das Spiel hat viel mit den Gefühlen der Kinder zu tun: Die älteren Kinder fühlen sich besonders stark und mutig und werden von den Jüngeren bewundert. Sie fühlen sich aber auch den Jüngeren gegenüber verantwortlich, sprechen ihnen Mut zu, muntern sie auf mitzukommen und bieten ihnen sogar ihren persönlichen Schutz an. Kurzum, dieses Spiel wird die Kindergruppe auf ganz neue Weise zusammenführen.
Und so sieht das Gruselkabinett aus:
Man braucht dazu eine Ecke, die man abdunkeln kann, mit Fensterläden, Vorhängen, Tüchern oder Decken. Vielleicht haben Sie einen kleinen Abstellraum, eine Besenkammer oder sonst einen Bereich, den man gut verdunkeln, für einige Zeit ausräumen und als Gruselecke einrichten kann?

Die Ausstattung für alle Sinne:
- Viele Schnüre und Bänder hängen von der Decke herab, auch Fellstückchen, Lederlappen, weiche und grobe Stoffreste, alles ist so tief aufgehängt, daß man daran vorbeistreift.
- In einer Ecke plätschert es laut, in einer anderen hört man wilde Trommelwirbel. Die Geräusche kommen aus Cassettenrecordern, alles selbst aufgenommen.
- Metallröhren und Glocken sind so aufgehängt, daß sie aneinander schlagen, klimpern und klingen.
- Auf dem Fußboden sind unterschiedliche Materialien mit Klebeband befestigt, mal ist es rutschig glatt (Folie), mal kratzig rauh (Kokosmatte), mal feucht (Putzlappen), mal raschelt es (viele Papierknäuel), mal knistert es (viele Tannenzapfen und kleine Zweige).
- Küchenuhren und alte Wecker sind aufgestellt und ticken laut.
- Einige Bänder sind mit einem ungewöhnlichen Duftöl beträufelt.

Die Spielregel:
Immer nur zwei Kinder dürfen in die Gruselecke gehen. Hand in Hand können die Freunde das Abenteuer bestehen und so lange im Gruselkabinett bleiben, wie sie es wollen und wagen.
Wenn sich zwei Kinder für dieses Abenteuer melden, dann müssen Sie vorher schnell in die Gruselecke schlüpfen und Geräte und Uhren einschalten. Erst wenn Sie wieder zum Vorschein kommen, dürfen die beiden mutigen Freunde losgehen.

Zwei wilde Racker

Raufen und Balgen, klar, das muß auch mal sein. Das stärkt die Muskeln, trainiert die Beweglichkeit. Und wenn zwei Freunde miteinander einen Ringkampf machen, dann wird es auch fair bleiben. Die *Spielregeln* sollten die beiden vorher ausmachen, zum Beispiel dies: Wenn der eine nicht mehr will oder kann, wenn ihm etwas sehr weh tut oder wenn er einfach aufhören will, dann ruft er „Halt!" – und der andere muß sofort loslassen.
Vielleicht kann es nach einer kleinen Verschnaufpause wieder losgehen?

Tip: Weitere Turn- und Tobespiele sind in Band 1: „Ich" auf den Seiten 60 und 61 zu finden.

Ich zeig dir, wie es geht

Was? Der Andi kann noch nicht mit der Schere umgehen, und Vilma hat Angst, ein Küchenmesser in die Hand zu nehmen? Ja, das kommt bei Kindern immer wieder vor. Vilma ist ängstlich und getraut sich den Umgang mit solchen gefährlichen Dingen nicht, Andi hatte bisher keine Gelegenheit, es mal selbst auszuprobieren.
Da können Freunde helfen! Denn manche Kinder sind im Umgang mit Messer, Gabel, Schere und Licht so geschickt und erfahren, daß sie die besten Lehrmeister für die anderen sind. Also, muntern Sie die Kinder dazu auf. Für sie ist es eine gute Chance, miteinander selbständig zu werden.

Schau her, so geht's

Wer etwas gut kann, zeigt es einem anderen – ganz genau, ganz langsam, mit viel Geduld. So wird gemeinsam geübt und ausprobiert. Die Spielideen hier sind eine Anregung dazu.

Mit der Schere
Buntpapiere werden zerschnitten, kreuz und quer, und die Schnipselchen auf einem Blatt Papier zu einem Mosaik zusammengeklebt.

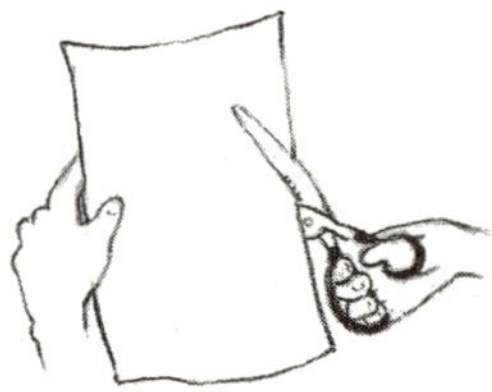

Mit dem Messer
Wann gibt es für die Kinder mal wieder Obstsalat oder Gemüsesuppe? Das ist die beste Gelegenheit, den Umgang mit dem Messer zu üben.

Mit Stecknadeln
Wie man diese feinen, spitzen Dinger festhält und benützt, das zeigt man am besten an einer Korkwand. An einem Holzbrett geht es nicht so einfach, an einer Betonwand gar nicht. Ausprobieren! Dagegen läßt sich ein Stück Filz leicht durchstechen und ein Blatt Papier ebenso.

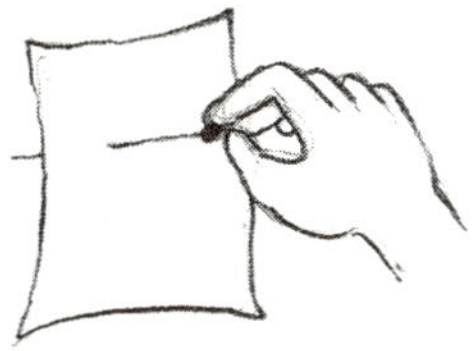

Mit Sicherheitsnadeln
Wie praktisch diese Nadeln sind, das ist schnell erklärt: Man kann damit Stoffe zusammenhalten, Knöpfe auffädeln und als Brosche an den Pullover stecken, an einem Vorhang ein Papier aufhängen. Was noch?

Mit dem Hammer
Viele Nägel liegen in einer Schachtel, große, kleine und ganz kleine. Ein Holzbrett wird am Werktisch festgeklemmt, dann kann das Hämmern und Nageln losgehen.

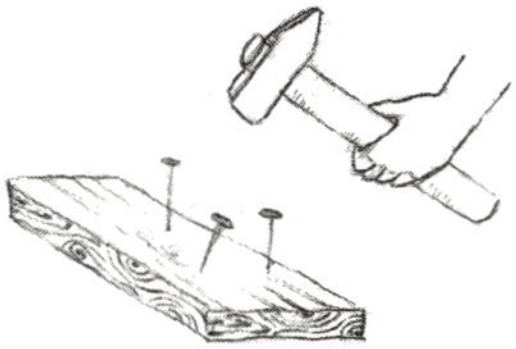

Mit der Säge
Kinderhände brauchen eine kleine Holzsäge, damit können sie gut umgehen. Doch das Holz muß zuerst am Werktisch festgeklemmt sein, bevor man mit Sägen beginnt. Am einfachsten probiert man das Sägen an dünnen Vierkanthölzern aus. Diese zersägten Stückchen können zu einem phantasievollen Holz-Ungeheuer zusammengeleimt werden.

Mit dem Streichholz
Oh, da heißt es wirklich aufgepaßt, wie man so ein kleines Hölzchen richtig hält, wie man es schnell über die Reibefläche zieht, wie man mit der Flamme am Streichholz eine Kerze anzündet, das Streichholz wieder ausbläst und wartet, bis es nicht mehr heiß ist, und dann erst wegwirft.
So ist es richtig!

Das schaffen wir

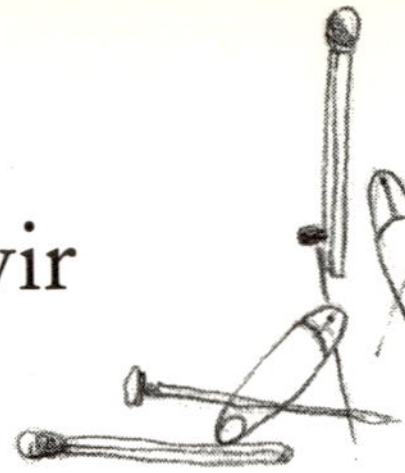

Text und Melodie: Gerhard Schöne

Wie hält man eine Gabel?
Wie wäscht man sich den Nabel?
Wie machst du das, daß dir der Ball
fast nie herunterfällt?
So binde ich die Schleife.
So hält man nasse Seife!
So habe ich die Pellkartoffel
selber abgepellt.

Ich zeig dir,
du zeigst mir
wie das geht.
Das schaffen wir.

Computer anzuschalten,
den Schäferhund zu halten,
auch Fahrradfahren hast du mir
ganz prima beigebracht.
Und ich kann dir mal zeigen,
wenn wir auf Bäume steigen,
wie man es anstell'n muß, daß man
sich nicht so dreckig macht.

Ich zeig dir,
du zeigst mir,
wie das geht.
Das schaffen wir.

Kannst du schon Schiffchen falten
und lange Luft anhalten?
Mit Kaugummi krieg ich
die allergrößten Blasen hin.
Und du kannst andre Sachen
dafür viel besser machen.
Du gibst mir immer Mut, daß ich
kein bißchen ängstlich bin.

Ich zeig dir,
du zeigst mir,
wie das geht.
Das schaffen wir.

Miteinander still sein

So wichtig es ist, daß Kinder immer wieder die Möglichkeit haben, sich auszutoben, zu rennen und miteinander zu balgen, so wichtig ist es, den Kindern Spiele anzubieten, bei denen sie still und ruhig werden und sich entspannen können. Wenn dann der Freund ganz nah neben einem sitzt, ist es nochmal so schön, denn bei ihm fühlt man sich geborgen, er ist vertraut.
Eine leise Musik im Hintergrund unterstützt die ruhige Atmosphäre, und den Kindern fällt es leichter, sich auf die Stille einzulassen.
Bei den folgenden Spielen sitzen also immer zwei Kinder nebeneinander. Vielleicht können Sie auch mal zwei zusammenbringen, die sich bislang noch nicht beachtet haben?

Der Sand rieselt

Wer kann so lange still sitzen, wie die Sanduhr rieselt?
Wenn Sie keine Sanduhr haben, können Sie feinen Vogelsand in eine durchsichtige Glasflasche füllen, in den Schraubdeckel ein Loch bohren und den Sand langsam in eine Schale rieseln lassen.
Die Kinder sitzen, schauen und werden ruhig.

Den Atem spüren

Zwei Kinder sitzen Rücken an Rücken, so bequem es nur geht. Beide atmen ruhig und langsam. Ob sie auch die Atembewegung des Freundes spüren?
Oder: Ein Kind liegt auf dem Rücken, der Freund legt seine Hand locker auf dessen Brust und begleitet das ruhige Auf und Ab der Atembewegung.
Wie lange? So lange es den Kindern gefällt.

Wir wollen allein sein

Und wohin können sich die Kinder zurückziehen, wenn sie allein sein wollen? Sich ständig in einer großen Kindergruppe aufzuhalten, ist auch für Kinder recht anstrengend, dieses Durcheinander, alle reden, rufen, rennen mal hierhin, mal dorthin, wollen dies oder jenes haben. Verständlich, daß da die Kinder immer wieder eine Nische suchen, in der sie ganz für sich sein können. Nur der beste Freund oder die beste Freundin dürfen dabei sein.

Ein stilles Plätzchen

Und wo könnte so ein stiller Winkel sein? Wo ist es am ruhigsten, wohin kann man sich zurückziehen und ein Weilchen ungestört bleiben?
Am besten ist, Sie suchen gemeinsam mit den Kindern dieses Plätzchen. Vielleicht wissen die Kinder längst, wo es ist, weil sie sich dort immer wieder versteckt haben!
Dieser Platz kann mit Vorhängen abgegrenzt werden oder einen Baldachin bekommen, er kann wie ein Zelt aussehen oder einer kleinen Hütte gleichen.

Tip: Weitere Ideen für Lieblingsplätze stehen in Band 1: „Ich" auf den Seiten 106 und 107.

Miteinander träumen

Und was machen die Kinder in ihrer Lieblingsecke? Sie werden miteinander tuscheln, flüstern, plaudern, kichern, lachen, träumen, phantasieren, Geheimnisse austauschen … – eben all das, was Freunde miteinander machen wollen. Und das geht in diesem Fall keinen etwas an.

Das schenk ich dir

Dem Freund etwas schenken, ja, das wollen die Kinder gerne. Aber was? Zum Beispiel dies:

Goldener Stein

Ein kleiner Kieselstein wird mit goldener Plakafarbe überpinselt. Jetzt sieht er wie ein echter Goldklumpen aus. Er kommt in eine hübsch beklebte kleine Schachtel, ausgelegt mit Samt oder Seide. Welche Auszeichnung für den, der dieses Schatzkästlein überreicht bekommt!

Freundschaftsbändchen

Freundschaftsbändchen sind richtig in Mode gekommen. Es gibt tolle Knüpfmuster – aber das ist nur etwas für Knüpfkünstler. Wie Ihre Kinderschar dennoch schöne Freundschaftsbändchen selbermachen kann, dazu ein paar Anregungen:

- mit drei dicken Wollfäden einen kleinen Zopf flechten;
- auf ein Band viele kleine Glasperlen auffädeln;
- mit verschiedenen bunten Garnen eine Schnur dicht umwickeln;
- auf eine dünne Lederschnur selbstgemachte Tonperlen auffädeln.

Bei allen Techniken gilt, daß man am Anfang mit den Fäden eine Schlaufe bindet oder knotet, und auch am Schluß alle Fäden miteinander verknotet und etwa 10 cm lange Bändel hängen läßt. Wer das Freundschaftsbändchen am Arm tragen will, der fädelt diese überstehenden Bändel in die Schlaufe und verknotet sie.
Klar hilft dabei der Freund oder die Freundin, denn alleine schafft das kaum jemand. Vielleicht ist das auch der Grund, warum es Freundschaftsbändchen heißt?

Tip: Wie man mit den Kindern auf lustige Weise das Knüpfen, Knoten und Flechten übt, das steht in Band 1: „Ich“ auf den Seiten 70 und 71.

Zwei Freunde

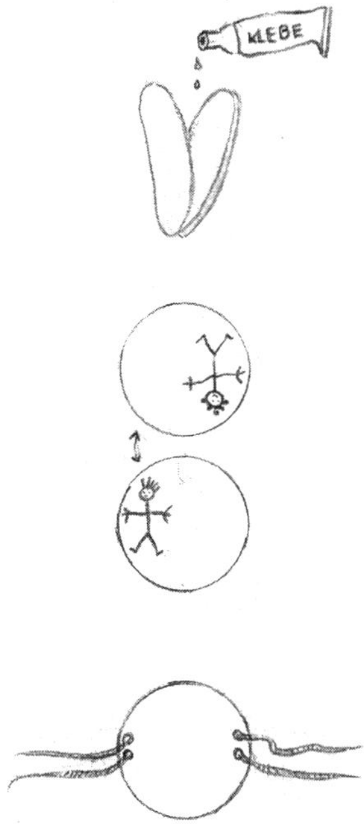

Was für eine witzige Sache ist das:
Auf einer Pappscheibe sind die Freunde getrennt gemalt, auf jeder Seite einer. Doch wenn man die Scheibe schnell dreht, dann stehen plötzlich beide nebeneinander, Hand in Hand.
Das geht so: Man beklebt beide Seiten eines Bierdeckels mit Papier. Dann malt man sich selbst auf eine Seite des Bierdeckelbildes, und zwar in die linke Hälfte, klappt den Bierdeckel nach oben um und malt auf die Rückseite den Freund, und zwar in die rechte Hälfte des Bildes.
Dann bohrt man rechts und links am Rand mit einer Ahle jeweils zwei kleine Löcher und zieht ein festes Garn durch, siehe Zeichnung.
Mit Schwung wird die Scheibe zum Drehen gebracht, wobei man das Garn an beiden Enden festhält. Dadurch drillt es sich zusammen. Wenn man jetzt die beiden Enden ruckartig auseinanderzieht, dreht sich die Scheibe ganz schnell – und plötzlich erscheinen die beiden Freunde auf einem Bild.

Freundschaft mit Strolch

Einen Hund zu besitzen, das wünschen sich viele Kinder. Doch ein Hund muß versorgt werden, braucht täglich sein Hundefutter. Mehrmals am Tage muß man mit ihm rausgehen, egal, ob die Sonne scheint, ob es regnet oder schneit. Doch wohin mit dem Hund spazieren gehen, wenn ringsum keine Wiesen, sondern nur Gehwege und Straßen sind? Wo soll der Hund bleiben, wenn die Familie in Urlaub fährt? Wer versorgt den kleinen Freund, wenn alle tagsüber außer Haus sind? Ob das ein schönes Hundeleben ist?
Verantwortungsbewußte Eltern klären diese Fragen vorher mit den Kindern ab, bevor sie sich für oder gegen einen Hund entscheiden.

Ulis kleiner Dackel

Ulis bester Freund ist Strolch, der kleine Rauhhaardackel. Dieser ist ein witziger und frecher Kerl, etwas eigensinnig vielleicht, aber auch sehr mutig, er greift sogar große Hunde an, wenn sie ihm zu nahe kommen.
Strolch ist am liebsten dort, wo auch Uli ist. Er saust mit ihm durch Regenpfützen, schleicht mit ihm über verbotene Pfade, schlüpft mit ihm durch Gartenzäune oder rennt kläffend in den Keller und bellt dabei so laut, als müsse er Kellergeister verjagen. Wenn Uli ihm dann erklärt, daß es keine Kellergespenster gibt, schaut er ihn mit seinen dunklen Hundeaugen treuherzig an und dreht den Kopf schief, als wolle er sagen: „Laß mir doch den Spaß!“

Mit großer Begeisterung und noch größerem Gebell verjagt Strolch die großen Hunde, das findet Uli prima. Weniger gut findet er, daß Strolch mit gleichem Eifer und gleicher Lautstärke den Hausmeister und den Postboten ankläfft.
Wenn Uli mit seinem Rad fährt, flitzt Strolch nebenher. Wer genau hinschaut, merkt, daß Uli ein bißchen langsamer fährt, wenn sein Hund ihn begleitet.
Und abends, wenn Ulis Eltern mal ausgehen, paßt Strolch auf die Wohnung auf – und sitzt vor Ulis Bett, so daß dieser ruhig einschlafen kann.

Viele Hundegeschichten

Erzählen Sie den Kindern von Uli, wie er seinen Hund täglich versorgt und wie ihm das nicht immer gefällt.
Erfinden Sie jeden Tag eine Fortsetzung der Geschichte, in der die Kinder viel über ein Hundeleben erfahren, mit all seinen Problemen und Abenteuern.
Vielleicht erfahren die Kinder in Ihrer Geschichte auch eine Lösung für ihren Hundetraum, zum Beispiel dies: Sich mit einem Nachbarhund anfreunden, ihn immer wieder ausführen und auch mal ein ganzes Wochenende betreuen und versorgen. Oder: Sich nach einem Tierheim erkundigen und dort tatkräftig mithelfen?
Es gibt viele Ideen, wie die kleinen Hundeliebhaber eine Freundschaft mit einem Hund haben können. Diese Ideen können Sie in die Hundegeschichte einbauen und so den Kindern Alternativen aufzeigen.

Streiten gehört dazu

Eben haben Frieder und Franzi noch friedlich miteinander gespielt – plötzlich liegen sie sich in den Haaren, boxen, raufen, brüllen, zetern. Die Zankerei hört sich schrecklich an! Was ist geschehen? Was werden Sie machen?
Hingehen und die beiden Streithähne auseinanderzerren? Eine Strafpredigt halten vom friedlichen Zusammenleben und daß man nicht streiten darf und so? Oder wegschauen und tun, als wäre nichts los?
Hierzu ein paar Gedanken:
Auch die besten und treuesten Freunde werden immer wieder miteinander streiten und heftige Auseinandersetzungen haben. Da ist nichts dabei, das gehört dazu, darüber sind sich die Pädagogen einig. Doch zu einem Streit gehört noch mehr, zum Beispiel, einen Kompromiß finden (siehe dazu Seite 38) und sich auch wieder miteinander versöhnen können.
Die Spielregeln des fairen Streitens müssen viele Kinder erst lernen, weil sie diese zu Hause nicht vermittelt bekommen. Wie Sie den Kindern dabei helfen können, das zeigen die beiden Beispiele hier. Und wenn Sie sich die unterschiedlichen typischen Streitverhalten der kleinen und großen Kinder nochmals vor Augen führen, dann wissen Sie genau, was Sie tun und was Sie lassen können.

Zum Nach- und Weiterdenken

Wenn kleine Kinder streiten
Je jünger Kinder sind, desto schneller kann Streit aufkommen, desto lauter geht es zu, aber desto schneller ist die Sache auch wieder bereinigt – einfach so, ohne Nachwirkungen.
Also, halten Sie es einfach ein Weilchen aus, nichts zu tun, und beobachten Sie von Ferne, ob der Streit gleichwertig ausgetragen wird oder nicht.
Das lernen die Kinder dabei: Daß sie Konflikte selbst lösen können.

Wenn große Kinder streiten
Bei älteren Kindern wird ein Streit nicht immer so lauthals ausgetragen. Doch sind die Kinder jetzt sehr nachtragend und denken sich mitunter üble Streiche aus, wie sie sich an dem anderen rächen können.
Da heißt es für Sie aufpassen, die Streithähne zur Fairneß ermahnen oder sie zu einem Streitgespräch auf die blaue Bank holen, siehe Seite 39.

Der hat angefangen

Schon wieder kommt Lilli angerannt und weint, diesmal klagt sie über Alex. Lilli hat es so von zu Hause gelernt, da kann sie zur Mami kommen, und die klärt die Sache mit den großen Brüdern ab, mahnt, schimpft und bestraft die Jungens, weil sie angefangen haben.
Machen Sie es anders! Wer den Streit begonnen hat, das werden Sie nie herausfinden können. Oder haben Sie gesehen, wie Lilli vorher dem Alex das Auto wegnahm? Aber Alex hat vorher der Lilli einen schwarzen Strich aufs Zeichenblatt gekritzelt, und Lilli hat vorher dem Alex die Tür versperrt, und Alex hat ... und Lilli hat ...
Also, geben Sie es auf, den Schuldigen zu suchen. Trösten Sie Lilli, wenn ihr jetzt der Arm weh tut, aber nicht, weil Alex sie gezwickt hat, sondern nur, weil der Arm weh tut.
Und der Streit? Ein aufmunterndes Wort wie „Komm, versuche selbst die Sache mit Alex zu klären!" könnte die beste Lösung sein.
Das lernt Lilli dabei: Sie ist groß genug, ihren Streit selbst zu beenden und dem anderen ihre Meinung zu sagen!

Die ist nie mehr meine Freundin!

Katharina und Kati sind Freundinnen. Doch nach dem Krach heute wollen sie nichts mehr miteinander zu tun haben, nie mehr! Beide sind sehr gekränkt, wütend aufeinander, sie schauen sich nicht mehr an. Die Freundschaft ist aus! Und warum? Wenn man das nur wüßte. Was tun?
Ja, Sie können hier etwas tun. Zwar nicht den Streit schlichten, aber den beiden Mädchen zeigen, daß man nicht im Groll nach Hause gehen, sondern sich vorher wenigstens ein „Tschüß!" zurufen sollte. Das könnte die Brücke sein, die die beiden wieder zueinander führt. Denn sie haben mit diesem Abschiedsgruß einen Schritt zur Versöhnung getan.
Vielleicht können die beiden am nächsten Tag über ihren Konflikt noch einmal reden?

Sich wieder vertragen

Hier sind zwei Vorschläge, wie Sie den Streithähnen helfen können, ihre Konflikte zu klären, Probleme zu lösen, Kompromisse zu finden und sich wieder auszusöhnen. Es sind Streitregeln, die sich bei Kindern bewährt haben.

Eine extra Konferenz

Die beiden, die sich in den Haaren liegen, zanken und streiten, werden aufgefordert, an den Tisch zu kommen und dort das Streitgespräch fortzuführen. In manchen Kindergärten heißt der Tisch „Friedenstisch".

Da sitzen sich jetzt die beiden Kinder gegenüber, so daß sie sich anschauen können. Dort sind sie allein, denn die anderen Kinder brauchen nicht dabei zu sein, sie würden nur stören.

Jetzt fängt einer an und erzählt dem anderen noch einmal, was vorgefallen ist, was ihn ärgert und wütend macht. Der andere muß zuhören und darf kein Wort sagen, so lange, bis der erste fertig ist. Aber dann kann er loslegen und genauso heftig seine Meinung vertreten und seinem Ärger freien Lauf geben. Jetzt muß der andere zuhören und schweigen.

Schaffen es die beiden, sich bei ihrem Streitgespräch anzuschauen? Das wäre der Anfang zur Versöhnung. Denn dann hören sie sich wirklich zu, sind aufmerksam gegenüber dem, was der andere sagt. Allein das besänftigt schon manche Wut.

So geht das Streitgespräch hin und her, bis eine Lösung oder Klärung gefunden ist und die beiden sich wieder versöhnen können. Das schaffen sie alleine, ohne Ihre Hilfe!

Nur wenn das Gespräch sehr lange stockt, können Sie an den Tisch kommen und Fragen stellen, dürfen aber niemals Antworten oder gute Ratschläge geben oder Partei ergreifen.

Probleme selbst lösen

So helfen Sie den Kindern, selbst ihre Konflikte zu lösen. Die Kinder erfahren, daß sie ein Problem klären können, daß Mißverständnisse aufgedeckt werden können, daß es verschiedene Sichtweisen zur selben Situation gibt, daß es gar nicht so schwierig ist, sich wieder zu versöhnen, und daß man das alles lernen und üben kann.

Und diese Erfahrung werden Sie als Erwachsener machen: Mit der Zeit können die Kinder selbst ihre Konflikte besprechen und Lösungen finden, und Sie haben nichts mehr zu sagen. Na prima!

Die blaue Bank

Die blaue Bank ist auch blau angemalt und steht immer am selben Platz, etwas abseits in der Ecke. Dorthin werden die Streithähne geschickt, wenn sie mit ihrer Zankerei nicht aufhören können. Da bleiben sie dann sitzen, können alle Wut herauslassen und reden und schimpfen ... nur anfassen dürfen sie sich nicht und erst wieder aufstehen, wenn sie sich einig sind. Handschlag drauf – und die Sache ist erledigt!
Diese Spielregel auf der blauen Bank sollten Sie vorher mit allen Kindern besprechen, damit jeder im „Ernstfall“ Bescheid weiß. Denn dann muß den Streitenden klar sein, warum sie jetzt auf die blaue Bank geschoben werden und wie sie da auch wieder wegkommen.
Die blaue Bank kann auch grün sein oder gar nicht angemalt – aber sie steht in jedem Fall immer am selben Platz.

Achtung: Wutanfall

Was ist denn jetzt los? Jimmy tobt und schreit und läßt sich nicht mehr beruhigen. Sein Wutanfall kennt keine Grenzen. Doch könnten Sie ihm diese Grenzen, die er sucht und braucht, mit klaren Verhaltensregeln geben, zum Beispiel so: Ab geht es zur blauen Bank! Basta! Punktum!
Dort kann Jimmy jetzt nachdenken, was ihn stört, dort kann er brüllen und toben, soviel er will. Wie lange? Bis er von alleine wieder kommt. Vielleicht kann er jetzt sagen, was passiert ist, was ihn so gestört und geärgert hat. Aber er sollte auch die Freiheit haben, erst damit herauszurücken, wenn er will!
Manchmal braucht so ein kleiner Brüllbär dennoch Ihre Hilfe: Setzen Sie sich dann zu ihm auf die Bank, hören Sie einfach zu oder stellen Sie ab und zu eine Frage. Mehr nicht, aber das hilft!
Und das können Sie auch den anderen Kindern verständlich machen:
Erst wenn so ein Tobsuchtsanfall vorbei ist, kann man mit dem Wüterich wieder sprechen. Ihm zum Beispiel dann erklären, warum etwas passiert ist, wie alles gekommen ist, was man selbst falsch gemacht hat, daß es einem leid tut und wie die dumme Sache wieder in Ordnung gebracht werden kann.
Und wer nach so einem Gespräch den Jimmy genauer anschaut, wird merken, wie froh er ist, daß alles wieder gut ist!

2. Kapitel

Wir können so viel miteinander machen

Malspiele

Alte Spiele mit neuen Spielregeln

Im vorhergehenden Kapitel sind Spiele zusammengestellt, die die einzelnen Kinder darin unterstützen, die anderen Kinder in der Gruppe besser kennenzulernen und neue Freunde zu finden.
In diesem zweiten Kapitel sind die Spiele so ausgewählt, daß die Spielsituationen Kindern Erlebnisse und Chancen bieten, ihre Freundschaften zu vertiefen. Es sind Aktivitäten für zwei Freunde, aber auch Ideen, bei denen mehrere Kinder mitmachen und dabei erfahren können, wie schön es ist, friedlich und tolerant miteinander in einer Gruppe auszukommen. Sie als SpielleiterIn oder ErzieherIn werden überrascht sein: Ausgewählt sind hier ganz alltägliche Kinderspiele aus Spielebereichen wie Malen, Musik machen, Theater spielen, Basteln usw. Doch aufgepaßt, die Spielregeln sind etwas anders, weil ein ganz bestimmtes Ziel im Auge behalten wird: Die Kinder sollen ein sozial kompetentes Verhalten erwerben.

Tip: Bei kleineren Kindern eignen sich zum Malen Wachsmalstifte, mit denen sie dicke Linien ziehen können, so daß das Bild mit wenigen Strichen schon herrlich bunt aussieht.
Wenn die älteren Kinder lieber Buntstifte nehmen, brauchen sie mehr Zeit zum Malen. Kein Problem, sie haben ja auch mehr Ausdauer.

Malspiele

Miteinander malen, das ist leichter gesagt als getan. Denn jedes Kind hat eine ganz bestimmte Vorstellung, wie sein Kunstwerk aussehen soll. Das kann es dem anderen auch nicht erklären, obgleich es das Bild genau im Kopf hat. Deshalb wird ein anderer immer etwas Falsches in das Bild malen. Und das können die kleinen Künstler nicht billigen!
Und doch gibt es eine Spielform, bei der den Kindern das gemeinsame Malen richtig Spaß macht. Keiner weiß, was zum Schluß herauskommt, und gerade das ist spannend. Und so erleben die Kinder, daß sie mit der Gruppe etwas ganz Tolles machen können.
Auf Seite 17 dieses Buches ist ein Malspiel für zwei Kinder beschrieben. Bei den folgenden Spielen können drei und mehr Kinder mitmachen oder sogar die ganze Kindergruppe.
Interessant dabei ist, daß es keine Rolle spielt, wie gekonnt oder wie kritzelig ein Kind malt, immer wird daraus ein kleines Kunstwerk, eine gelungene gemeinsame Sache!

Immer im Kreis herum

Vier bis sechs Kinder stehen um einen Tisch. Vor jedem liegen ein Blatt Papier und Buntstifte oder Wachsmalkreiden. Mit dem Gongschlag geht es los, jedes Kind beginnt zu malen. Was? Das fragen die Kinder interessanterweise dabei nie. Sie malen einfach drauf los, was ihnen gerade in den Sinn kommt: Einen Baum, ein Haus, eine Rakete, ein Auto, eine Wiese.

Beim nächsten Gongschlag legen alle Kinder ihre Malstifte weg und wandern zum nächsten Blatt.

Neugierig schauen sie, was darauf zu sehen ist. Oh, das Haus hat noch gar kein Dach, bei der Blume könnte man noch mehr Blüten und Blätter zeichnen. Jedes Kind überlegt, was es Passendes dazu malen, fertig zeichnen oder ergänzen könnte.

Und wieder erklingt der Gongschlag und fordert auf, zum nächsten Bild zu gehen.

So geht es immer weiter, bis der letzte Gongschlag wieder vor das eigene Bild führt. Die Überraschung ist groß! Toll, was darauf alles zu sehen ist!

Alle malen mit

Und jetzt malt die ganze Kindergruppe mit. Die Spannung ist groß! Ob das klappt? Alle Kinder sitzen in einem großen Kreis auf dem Boden. Jeder hat ein Blatt Papier und Malkreiden vor sich liegen. Auch eine Unterlage ist ganz praktisch, zum Beispiel eine gefaltete Zeitung.

Die Spielregel: Die Kinder bleiben an ihrem Platz sitzen, der laute Gongschlag gibt das Signal, wann die Blätter dem Nebensitzer weitergereicht werden.

Musik- und Singspiele

Einfach drauflossingen, nach Herzenslust trällern, das ist für viele Kinder recht ungewöhnlich. Wer wagt es trotzdem? Sind erst einmal die Hemmungen überwunden, wird so eine Singstunde gewiß ein Erlebnis, das sich die Kinder immer wieder wünschen!
Hierzu eine Sing-Spiel-Idee.

Witziges Wunschkonzert

Die Kinder wünschen sich ein Lied, alle stimmen mit Handzeichen ab, was ihnen am besten gefällt. Doch damit nicht genug, sie sollten auch festlegen, wie das Lied gesungen wird: Laut oder leise, mit zarter Prinzessinnenstimme oder mit dunklem Räubergebrumm, donnernd wie ein Gewitter oder säuselnd wie der Wind, wie ein Männergesangsverein oder wie ein Babychor, lachend oder heulend ...?
Jede Strophe wird anders gesungen, und die Kinder werden begeistert bei allen Liedstrophen mitmachen.
Weitere Ideen zum lustigen Singen sind in Band 1: „Ich" auf den Seiten 54 und 55 zu finden.

Miteinander musizieren, einfach so? Ob das gutgeht? Sicher, es kommt nur auf die Spielregeln an, die das musikalische Geschehen lenken. Da kann jeder mitmachen!

Erstmal die Instrumente kennenlernen

Um miteinander gut spielen zu können, sollten die Kinder zuallererst die Instrumente kennenlernen. Dabei sind die Spielregeln für alle Instrumentengruppen die gleichen, egal, ob es sich um selbstgebastelte Instrumente handelt wie die beklebte Glühbirnenrassel und die Nußklapper oder um das Küchenorchester mit Topfdeckel und Rührbesen oder um Orffsche Instrumente wie Glockenspiel und Schellentrommel.
Am Anfang sollten nur vier bis sechs kleine Musikanten miteinander spielen. Doch später klappt es auch mit der ganzen Kinderschar. Das klingt wirklich gut! Es gilt ja auch, die Kinder die Erfahrung machen zu lassen, wie schön es ist, mit der Gruppe gemeinsam etwas zu spielen!

Wie klingt denn das?

Aufgepaßt, die Instrumente liegen auf dem Boden verteilt, so daß die Spieler rundherum gehen und sich alles anschauen können. Bei einem Zeichen, vielleicht ein lautstarker Trommelwirbel, bleiben alle stehen, nehmen das Instrument zur Hand, das gerade vor ihnen liegt, und probieren aus, wie es klingt.
Wollen zwei Kinder gleichzeitig auf einem Instrument spielen? Das geht auch! Nach kurzer Zeit übertönt der Trommelschlag des Spielleiters die bunte Klangvielfalt, alle Kinder legen ihr Instrument wieder auf den Boden und wandern weiter.

Laute und leise Töne

Spannend wird es auch, wenn ein Dirigent das Musikspiel lenkt. Also bekommt eines der Kinder diese Rolle und zeigt an, ob die Musikanten laute oder leise Töne spielen sollen. Die Handzeichen dafür stellt der Dirigent zu Anfang seinem Orchester vor. Wenn er zum Beispiel beide Hände auseinanderstreckt, bedeutet das „laut spielen", wenn er die Hände näher zusammenführt, heißt das „leiser werden". Man kann auch eine Hand hochhalten und wieder senken oder mit unterschiedlich farbigen Tüchern die Zeichen für das Klangorchester geben. Schlußzeichen nicht vergessen!
Das ist ein tolles Gefühl, wenn alle Kinder so spielen, wie man es zeigt! Deshalb darf jedes Kind einmal Dirigent sein.

Den gleichen Rhythmus finden

Kaum zu glauben, aber wahr, das geht auch ohne Dirigent: Ein Kind wählt drei oder vier Mitspieler aus und geht mit ihnen in die Kreismitte. Alle spielen erstmal munter drauf los, doch nach und nach versuchen die kleinen Musikanten, in einen gleichen Rhythmus zu kommen. Sie schauen sich dabei an und hören, wie die anderen spielen.
Wenn die Kinder dieses Musikspiel gerne machen und oft wiederholen, werden sie immer besser aufeinander hören und immer rascher ihren Gruppenrhythmus finden. Ob ihnen das gefällt, sehen Sie an den strahlenden Kindergesichtern.

Spielvariante mit der großen Gruppe:
Wenn das kleine Orchester in der Mitte sein Rhythmusspiel gefunden hat, können die Kinder im Außenkreis mitmachen: Wer will, geht zur Mitte und spielt in diesem Rhythmus mit.

Tanzspiele

Tanzen und springen machen Spaß, vor allem, wenn die Tanzgesellschaft groß ist. Doch fortwährend Schritte zählen und komplizierte Bewegungen machen, ist weniger gefragt. Da könnte den kleinen Tänzern vor lauter Aufpassen und Abzählen oder rechts und links Auseinanderhalten die Lust am Tanzen vergehen. Das wäre schade! Also, probieren wir es mit einfachen Tanzformen, bei denen jedes Kind gleich mitmachen kann. Als Musik sind Kinderlieder, Volkslieder, Folklorestücke, klassische Menuette, aber auch Rock- und Popmusik geeignet. Es kommt darauf an, was Ihnen und den Kindern gefällt. Hauptsache, der Rhythmus ist deutlich zu hören, und die Melodien sind schwungvoll. *Weitere Tanzideen* finden Sie auch in Band 1: „Ich" auf den Seiten 56 und 59.

Tanzkasper

Es ist ein Tanzkasper, der vormacht, was die anderen tanzen. Er hat eine bunte Zipfelmütze auf, damit man ihn inmitten der hüpfenden Tanzgruppe gut erkennen kann. Er macht hohe Sprünge, weite Schritte, dreht sich schnell wie ein Karussell, stapft mit Stelzenbeinen im Kreis umher, tippelt im Entengang mal links, mal rechts herum, geht rückwärts und vorwärts. Doch bevor er außer Atem kommt, setzt er schnell seine Kaspermütze einem anderen Kind auf.

Tanzkreis

Wer kann auf vier zählen? Alle? Prima, dann können auch alle Kinder mitmachen! Sie verteilen sich in kleinen Gruppen im Raum, halten sich an den Händen und bilden so mehrere Tanzkreise. Und nun müssen ein paar Tanzschritte gelernt werden:

- vier Schritte zur Kreismitte,
- vier Schritte wieder zurück,
- Hände loslassen und sich auf der Stelle einmal drehen,
- viermal klatschen und dazu stampfen.

Das ist die Tanzanleitung, mehr nicht. Jetzt geht es wieder von vorne los, also vier Schritte in den Kreis, vier zurück usw.

Alle Musikstücke im Vierertakt oder, einfacher gesagt, mit einem gleichmäßigen Rhythmus, passen zu dieser Tanzform.

Himmelsreigen

Text und Melodie: Gerhard Schöne

1. + 2. Strophe

Gib mir deine Hände!
Los, jetzt tanzen wir
bis ans Weltenende,
durch die Himmelstür.
Übern Regenbogen,
auf der Sternenbahn
kommen wir geflogen,
halten noch nicht an.

An den Pfoten fassen
sich auch Miez und Maus.
Hüpfen durch die Gassen
und durchs Hexenhaus.
Tulpe tanzt mit Rose,
Ziege tanzt mit Bock
und die Unterhose
mit dem Unterrock.

Und am Ende tanzen
langsam, lieb und leis'
alle miteinander
rundherum im Kreis.
Und am Ende tanzen
langsam, lieb' und leis'
alle miteinander
rundherum im Kreis.

(In zwei Reihen stehen sich die Kinder gegenüber und bilden mit den Armen einen Tunnel, durch den jeweils das letzte Paar hüpft und sich vorn wieder aufstellt. Bis zum Ende der zweiten Strophe tanzen die Kinder auf diese Weise. Dann bilden alle einen Kreis, fassen sich an den Händen und schreiten langsam im Kreis herum.)

Theaterspiele

Miteinander Theaterspielen ist für Kinder nichts Besonderes. Längst haben sie ihre Rollen erprobt, in der Puppenecke als Mami und Papi, beim Reigenlied als tapsiger Tanzbär und an Fastnacht als mutiger Indianer. Deshalb brauchen die Kinder keine große Anleitung, wie sie ihre Rolle spielen sollen. Aber was sie sonst noch spielen können, das steht auf dieser Seite.
Die Spielregeln sind einfach, und nach kurzer Erklärung können die Kinder sich gleich in Szene setzen.
Bei diesen Spielimprovisationen lernen die Kinder viel, und zwar nicht nur Theaterspielen, sondern auch, das Verhalten der Mitspieler zu beobachten und darauf zu reagieren: Sie überlegen beim spontanen Spiel, was der andere mit seiner Darstellung ausdrücken will, beobachten sein Mienenspiel und seine Körpersprache und versuchen auch, dessen Gefühle zu erkennen, um adäquat mitspielen und richtig reagieren zu können. Was auch geschieht, immer wird das Ergebnis ein kleines Theaterspiel sein, das einen Applaus verdient!

Was ißt denn du?

Das herauszubekommen erfordert große Aufmerksamkeit: Ein Kind spielt, es würde aus einer Einkaufstasche etwas herausnehmen und aufessen, zum Beispiel einen Apfel. Die anderen schauen zu und raten, was es ist.
Bei diesem Pantomimespiel sitzt die ganze Kinderschar im Kreis und rätselt, während der Spieler in aller Ruhe und mit langsamen Bewegungen seinen Auftritt hat. Erst nach dem Applaus darf die Lösung gesagt werden.

Im Spielzeugladen

Ein Spiel für die älteren Kinder:
Im Spielzeugladen treibt sich ein kleiner Zauberer herum. Mit seinem Zauberstab kann er die Puppen, Teddys, Schmusetiere und Roboter lebendig machen.
Das Spiel geht so: Alle Kinder stehen stocksteif da, bis der kleine Zauberer kommt und sie mit seinem Zauberstab berührt. Sogleich beginnen die Spielsachen, sich mit langsamen, eckigen Bewegungen vorwärts zu bewegen, manche tanzen und drehen sich, andere wackeln und zappeln. Aber nur so lange, bis der Zauberer sie wieder berührt. Jetzt müssen sie mitten in der Bewegung innehalten und stehenbleiben. Vielleicht wird der Zauberer sie schnell wieder lebendig machen?
Die Kostüme sind einfach: Die Puppen tragen verrückte Sachen aus der Theaterkiste, die Bären und Schmusetiere haben bunte Pappmasken auf, und die Roboter stecken in Ponchos aus Wellpappe.

Kinderreime und Kinderlieder

Ein Spiel für jüngere Kinder:
Kinderreime und Kinderlieder sind für kleine Theaterspiele bestens geeignet. Da gehen zum Beispiel „Himpelchen und Pimpelchen“ auf einen Berg, oder „das Häschen in der Grube“ sitzt und schläft.
Die Texte sind bekannt, deshalb können die Kinder mitsprechen oder mitsingen. Und wer spielt mit? Wieviel Spieler brauchen wir genau? Was könnten sie vorspielen? Braucht man Requisiten? Das alles machen die Kinder vorher miteinander aus.
Und weil so ein Reim oder Kinderlied recht kurz ist, ist auch das Spiel schnell vorbei. Wie praktisch, dann kann man es oft wiederholen, und die Kinder können immer wieder andere Rollen besetzen und ihr Spiel variieren.

Legespiele

Legespiele haben im Bereich der Kinderbeschäftigung alte Tradition. Warum? Die Kinder wurden endlich mal still und ruhig, konzentrierten sich auf eine Sache, und ein Zusammenspiel unter den Kindern klappte bestens, ohne große Absprachen und ohne viel Worte. Daran hat sich bis heute nichts geändert. Und damals wie heute gehören Legespiele zu den beliebtesten Spielen, die vorgeschlagen werden, wenn die Kinder mal etwas Ruhigeres machen wollen oder sollen. Bei den Spielen hier können sogar mehrere Kinder mitspielen.
Keiner bestimmt etwas, jeder überlegt selbst, was er machen will, und das wird von den anderen akzeptiert. Eine Erfahrung, die wohltut!
Leise, sanfte Musik im Hintergrund unterstützt die Stimmung und hilft, die nervösen kleinen Gemüter zu beruhigen.

Ein Bild aus Bauklötzen

Die Kinder, die mitmachen wollen, sitzen im Kreis auf dem Boden, ein großer Berg mit bunten Bauklötzen liegt bereit. Reihum steht ein Kind auf, nimmt drei Bauklötze und legt sie auf den Boden. Was wird daraus? Das kann keiner wissen. Um so aufmerksamer verfolgen die Kinder die Entstehung des Bildes. Wird es eine große Blume, ein Haus, ein Muster oder eine Zickzack-Linie? Wieviele Runden wollen die Kinder spielen? Das entscheiden sie selbst.

Ein Bild aus Naturmaterial

Im Laufe eines Jahres kommen viele Naturschätze zusammen: Kastanien, Tannen- und Kiefernzapfen, Muscheln, Kieselsteine, Bucheckern, Eicheln, Moos, getrocknete Blätter …
Wie wäre es, wenn Sie mit den Kindern aus diesen Materialien ein großes Bild auf dem Tisch oder Boden gestalten würden?

Ein Bild aus Papierschnipseln

Jedes Kind hat zehn bunte Papierchen vor sich liegen, gerissen oder geschnitten, nicht größer als eine Kinderhand, aber auch nicht kleiner als eine Briefmarke. Nun legt der Reihe nach jedes Kind eines seiner Papiere auf den Boden. Es gibt zehn Spielrunden. Jeder kann sich Zeit lassen, so viel er braucht. Er muß ja schließlich überlegen, an welche Stelle sein Papier am besten paßt. Die anderen schauen zu. Das Bild kann dicht und klein sein, und die Papiere rutschen wie Schuppen übereinander, oder groß und weit angelegt werden und eine breite Fläche bedecken.
Und was soll daraus werden? Das weiß keiner! Also überraschen lassen!

Ein Mandala aus Legesteinchen

Ein Mandala ist ein kreisförmig angelegtes Bildmuster, ausgehend von einem Mittelpunkt. Eine Rosette zum Beispiel ist ein Mandala. Den Kindern könnte man es auch wie eine Phantasieblume mit vielen Blütenblättern erklären.
Wenn die Kinder ein Mandala legen, verändert sich die Stimmung im Raum ganz von selbst. Es wird ruhig und still, und die Kinder sind konzentriert und dennoch sehr entspannt bei der Sache. Als Legesteinchen eignen sich Muggelsteine, Spielsteine, Glassteine, Perlen, Knöpfe oder kleine Mosaikplättchen. So ein Mandala kann bei diesem Legespiel wie eine Rosette oder eine Phantasieblume aussehen.
Der Spielverlauf: Zu Beginn liegt ein Punkt in der Mitte, Hanna legt als erste rundum ihre Steine, Judith legt wieder einen Kreis, Eva hingegen verteilt einzelne Steine und läßt Zwischenräume frei, Felix füllt die Zwischenräume aus, Leo legt Bögen rundum, Till setzt Punkte in diese Bögen und Lars verteilt vier Sonnenstrahlen. So geht es immer weiter.
Für die kleinen Kinder könnte ein Mandala zu schwierig sein, aber eine Schneckenlinie, die immer größer wird, das gelingt ihnen bestimmt.

Wandbild für den Gruppenraum

Überrascht betrachten die Kinder die Wand des Gruppenraums. Da hingen doch gestern ihre Zeichnungen? Und heute ist ein riesengroßes, weißes Plakat angebracht. Die Neugierde ist groß – die beste Voraussetzung für das Gruppengespräch im Morgenkreis.

„Habt ihr Lust, gemeinsam ein großes Bild darauf zu gestalten? Das ist gar nicht so einfach, und wir müssen die Arbeit gut miteinander absprechen. Jeder einzelne soll etwas Besonderes zu dem Bild beitragen. Und zwar wird jeder ein Bild auf ein extra Papier zeichnen, es bunt anmalen oder bekleben, dann ausschneiden und zum Schluß auf dieses Wandbild kleben. Das nennt man eine Collage …“

So oder ähnlich könnten Sie das Gespräch beginnen. Und was gibt es alles zu besprechen? Dazu ein paar Stichworte:

Das Thema finden
Soll es eine Stadt werden, mit Häusern, Straßen, Spielplatz, Park, Rathaus, Kindergarten, Schulhaus usw.? Das ist etwas für die älteren Kinder.

Oder soll eine Wiese entstehen, mit vielen bunten, großen und kleinen Blumen, mit Schmetterlingen und Marienkäfern, mit Feldmäusen und Maulwurfshügeln? Diese Idee begeistert sicher die Kleineren.

Oder ist ein Märchenland die bessere Idee, mit Königsschloß und Ritterburg, mit Hexenhaus und Räuberwald, mit Elfensee und Zwergenwiese? Oder gefällt den Kindern mehr der Zirkus, der Zoo oder das Haus, in dem Pippi Langstrumpf wohnt?

Die Abstimmung
Zuerst sammeln Sie mit den Kindern viele solcher Themen. Für jede Idee gibt es ein Symbol, zum Beispiel für die Stadt ein Häuschen, für die Wiese eine Blume und für den Zoo eine kleine Giraffe. Und dann wird jedes Kind einzeln gefragt, für welchen Vorschlag es stimmen mag. Diese Abstimmung kann auch so durchgeführt werden, wie auf Seite 100 beschrieben.

Die Arbeitsverteilung
Wiederum werden zuerst alle Ideen zum ausgewählten Bildthema gesammelt, dann kann jedes Kind selbst entscheiden, was es malen und basteln möchte. Und was tun, wenn mehrere Kinder das Königsschloß machen wollen? Dann beraten die Betroffenen, wie das Problem gelöst werden kann, zum Beispiel: Alle entwerfen gemeinsam das Schloß, oder jedes Kind übernimmt einen Bauteil, oder es gibt mehrere kleine Schlösser. Aber vielleicht haben die Kinder eine ganz andere Lösung? Also, fragen Sie die Kinder einfach, bevor Sie vorschnell mit Ihrem guten Rat herausrücken.

Die Zeiteinteilung
Die Arbeit kann die Kinder über viele Tage hinweg beschäftigen. Die Diskussion und Absprache der Themen und der Bildmotive, das Malen, Ausschneiden und Kleben. Immer wieder werden die Kinder neue Ideen haben und basteln wollen. Und das alles braucht seine Zeit. Die sollten Sie den Kindern lassen. Die Arbeit geht eben so lange weiter, bis das Wandbild dicht beklebt ist – und die Kinder zufrieden ihr Werk beenden wollen.

Basteltag mit Tatzelwurm

Mit allen Kindern einen ganzen Tag lang basteln, was für eine spannende Sache! Und wenn zum Schluß die Bastelarbeit fix und fertig dasteht, dann sind die Kinder sehr stolz auf ihre gemeinsame Leistung: Das haben wir geschafft!

Hier ist eine witzige Bastelidee beschrieben. Jedes Kind kann mitmachen und hat etwas zu tun – und Sie ebenfalls.
Einige Tage vorher besprechen Sie mit den Kindern den Basteltag und was jeder mitbringen muß. Ein Elternbrief hilft, daß die Kinder zu Hause daran denken.

Liebe Eltern,

am 15. Juli ist bei uns großer Basteltag! Dazu brauchen wir viele Kindersocken. Haben Sie welche, die zu kurz oder zu klein geworden sind? Die sind gerade richtig für unsere Tatzelwurm-Bastelei! Ist ein Loch im Socken? Kein Problem, den Socken können wir trotzdem gut gebrauchen.
Also, bitte werfen Sie Ihre Wegwerfsocken in diesen Sockenkorb.

Ein Dankeschön wird Ihnen der Tatzelwurm später selbst sagen!

Die Bastelanleitung

Der Tatzelwurm ist ein etwa 2 m langes, knuddelweiches Stofftier. Sein Körper wird aus einem alten Leintuch oder einer ausgedienten Decke genäht. Seine Füße sind die vielen gesammelten Kindersocken. Als Füllmaterial eignen sich alte T-Shirts, Woll- und Schaumstoffreste. Hauptsache, alles ist schön weich. Da hat jedes Kind zu tun, es muß ein paar Socken-Füße ausstopfen und an den Tatzelwurm mit groben Stichen annähen. Socken mit Löchern können Sie vorher stopfen, und zwar, indem Sie das Loch einfach mit einem Faden rundum zusammenziehen, das genügt schon.

Den langen Tatzelwurm werden Sie alleine nähen, als Gesicht werden ein Wollhaarbüschel, Augen, Nasenlöcher und ein Maul angeklebt oder aufgenäht. Beim Ausstopfen des Körpers können die Kinder wieder mitmachen.

Wetten, daß dieser Knuddelwurm der neue Liebling der Kinder wird?

Immer, wenn die Kinderschar eng zusammenrückt und zum Beispiel Ihrer Erzählung lauscht, dann ist der Tatzelwurm mitten dabei, kringelt sich um viele Kinderbeine, schmiegt sich an viele Kinderarme und wird von vielen Kinderhänden gestreichelt und geknuddelt. Der Tatzelwurm gehört eben allen!

Kleine Kinder-Gärtnerei

Wer mitmachen will, krempelt sich die Ärmel hoch – dann kann es losgehen. Wir wollen gemeinsam gärtnern. Da hat jeder etwas zu tun: Der eine hält die Pflanze, der andere schüttet Erde an die Wurzeln und drückt alles fest, der dritte steht schon mit der Gießkanne bereit. Es muß gar nicht so viel abgesprochen werden, jeder sieht, wo er Hand anlegen kann, und macht mit. Da fühlen sich sogar die Kleinen nützlich und sind stolz darauf!

Allerdings sollte vor der Pflanzaktion mit der Kindergruppe besprochen werden, was man als Gärtner alles braucht, wie man mit den Pflanzen, den Blumenzwiebeln, dem Saatgut oder den kleinen Zöglingen umgeht und wie man sät, einpflanzt oder umtopft.
Mit diesem Grundwissen ausgestattet, fällt es den Kindern leicht, gemeinsam die Gärtnerarbeit zu verrichten.

Ein Blumenbeet

Wie groß ist das Beet? Wie soll es angelegt werden, welche Pflanzen und Blumen sollen gepflanzt werden? Ist es dort schattig oder sonnig? Welche Erde brauchen die Pflanzen?
Die Kinder überlegen, entscheiden mit und fühlen sich auch später für ihre Pflanzen verantwortlich.
Mit einer kleinen Skizze veranschaulichen Sie, wie das Blumenbeet aussehen könnte. Dann wird ausgemacht, wer was tun will.
Am besten lassen Sie die Kinder diese Absprachen selbst treffen. Es dauert dann eben ein bißchen länger, bis die Beschlüsse gefaßt sind. Aber das macht nichts, oder?

Eine Kakteen-Landschaft

„Wer hat Kakteen zu Hause und möchte ein paar Ableger loswerden? Wir nehmen sie gerne, denn wir wollen im Kindergarten eine Kakteenlandschaft anlegen."
Mit diesen Worten werden die Eltern zur Mithilfe aufgefordert. Gespannt warten die Kinder, ob wirklich Kakteen gebracht werden. Wahrscheinlich werden Sie sich alle wundern, wieviele Kakteen da in kürzester Zeit zusammenkommen.

So geht es dann weiter: Eine Holzkiste mit Folie auslegen, eine Schicht Kieselsteine ausstreuen, darauf Kakteenerde verteilen. Nun werden die Kakteen noch in ihren Töpfen auf der Erde hübsch angeordnet. Vielleicht darf jedes Kind den Standort von einem Kaktus bestimmen? Dann geht es zur Sache.
Mit Gärtnerhandschuhen oder Holzzangen oder einer dicken Schlaufe aus gerolltem Zeitungspapier werden die Kakteen aus ihren Töpfen gehoben und eingepflanzt. Dann mit einem Holzstab die Erde andrücken und gut gießen. Jedes Kind macht bei „seinem" Kaktus mit, den es sich vorher ausgesucht hat.

Eine grüne Laube

Haben Sie und die Kinder Spaß an Zimmerpflanzen? Dann steht einer grünen Laube im Gruppenraum nichts mehr im Wege.
Ein buntbemaltes Plakat fordert die Eltern auf, Pflanzenableger, Stecklinge und Zöglinge in den Kindergarten zu bringen. Die Kinder selbst nehmen die Pflanzen in Empfang, stellen sie aufs Fensterbrett und versorgen sie, bis der große Pflanztag kommt.
Die Pflanzarbeit beginnt mit vielen Fragen: Welche Erde brauchen die Pflanzen, wie groß muß der neue Blumentopf sein, welchen Standort brauchen die Pflanzen, viel oder wenig Sonnenlicht …?
Sind alle Fragen anhand von Büchern oder durch sachkundige Auskunft eines Gärtners geklärt, kann endlich das Umtopfen und Einpflanzen beginnen. Wie immer ist auch hier wichtig, daß alle Kinder mitmachen und wirklich jedes Kind etwas Sinnvolles tun kann.
Und in den Ferien machen die Kindergartenpflanzen Urlaub und jedes Kind nimmt seine Pflanze mit nach Hause. Deshalb bekommt jeder Pflanzentopf ein Namenskärtchen aufgeklebt.

Tip: Wenn die Kinder zur Schule kommen oder umziehen, dann dürfen sie als Andenken ihre Topfpflanze mitnehmen, oder wenigstens einen Ableger davon.

Sammlerleidenschaft

Jonas sammelt Schneekugeln, Jan bunte Glitzerbildchen, Miriam hat einen Beutel mit Kieselsteinchen aus dem Urlaub mitgebracht, Marion besitzt ein Schatzkästchen voller Münzen aus fremden Ländern, Lilli sammelt Bären aller Art, große und kleine, bunte und kitschige, Johannes bekam von seinem Großvater die Bierdeckelsammlung geschenkt. Irgendwie sammelt jedes Kind immer irgend etwas, mal Postkarten, mal Klebebildchen, mal Sticker, mal Fähnchen. Sicher ist es interessant, von den Kindern mehr über ihre Sammlungen zu erfahren. Vielleicht finden sich dabei neue Sammlerfreunde, die sich begeistert ihre Schätze zeigen und Einzelstücke tauschen werden?

Wer sammelt was?

Sammeln Sie nicht auch etwas? Besitzen Sie vielleicht die Briefmarkensammlung Ihres Vaters oder die alten Sammeltassen von Ihrer Tante, haben Sie vielleicht einen Setzkasten mit schönen Dingen oder noch die Muschelsammlung vom letzten Urlaub? Eines Tages bringen Sie zur Überraschung der Kinder Ihre eigene Sammlung mit, sorgfältig verpackt in einer Schachtel. Die neugierigen Kinder wollen natürlich wissen, was da drin ist und schauen zu, wie Sie ein Sammlerstück nach dem anderen auspacken.
Wie wäre es, wenn morgen jeder seine schönsten Sammlerstücke mitbringt?

Große Sammler-Ausstellung

Mit Taschen, Schachteln und Körben rücken die Kinder am nächsten Tag an, ihre Sammlerschätze sind darin gut verpackt. Alle sitzen im Kreis. Die Spannung steigt. Einer nach dem anderen holt seine Schätze hervor und erzählt.
Wie wäre es, wenn die Kinder eine Ausstellung mit ihren Schätzen aufbauen? Die Regale im Gruppenraum eignen sich gut dafür. Also schnell ausräumen und den Inhalt in Umzugskartons verstauen! Dann besprechen die Kinder, wer welchen Platz für seine Ausstellungsstücke braucht und an welcher Stelle sie am besten zur Geltung kommen. Sind alle einverstanden? Ja? Wer will, kann gleich mit Einräumen beginnen.

Kitsch-Kiste

Diese Idee ist etwas für ältere Kinder, die es wagen, ihren heimlich gesammelten Kitsch von den anderen bewundern zu lassen. In so einer Kitsch-Kiste kommt alles bestens zur Geltung, sieht sogar echt gut aus.

Hier die Bauanleitung: Eine Schachtel wird außen und innen knallbunt beklebt oder angemalt und mit einem Geschenkband so aufgehängt, daß sie wie ein Regal aussieht, also vorne offen ist. Darin werden nun alle Kitschsachen hübsch arrangiert. Vielleicht müssen ein paar Gegenstände auch festgeklebt werden, damit sie nicht herausfallen. Ein besonderer Gag ist, die Kitschkiste mit einer Weihnachtsbaum-Lämpchenkette zu umrahmen. Wie hinreißend schön jetzt alles aussieht! Die Wirkung wird verstärkt, wenn mehrere Kitsch-Kisten nebeneinander hängen.

Und grinsend werden die Kinder die Kitsch-Kisten bewundern. Ja, ja, Kunst und Kitsch liegen eben dicht beieinander!

Geschichten hören und erzählen

Da sitzen die Kinder in der Kuschelekke, eng beieinander, die Augen erwartungsvoll auf Sie gerichtet. Gleich beginnt das Geschichtenerzählen.
Es ist ein Unterschied, ob eine Geschichte vom Cassettenrecorder geplappert, aus einem Buch vorgelesen oder frei erzählt wird. Beim Erzählen können Begebenheiten des Alltags eingebaut werden und vertraute Dinge, bekannte Landschaften und sogar die Kinder selbst darin vorkommen. Und wie lebendig und wahr wird dann die Phantasiegeschichte!
Das alles passiert bei der Hörcassette und auch im Vorlesebuch nicht. Aber Sie als ErzählerIn wissen viel von den Kindern zu berichten. Das ist es, was die Kinder ganz besonders genießen, wenn Sie selbst eine Geschichte erzählen.

Die Fortsetzungsgeschichte

Die Geschichte beginnt ganz harmlos, doch Tag für Tag wird es spannender, denn da treten plötzlich und unverhofft die Kinder aus der Kindergruppe auf. Jeden Tag kommt ein anderes Kind in der Geschichte vor. Was wird alles passieren? Beim Geschichtenerfinden können Ihnen die Kinder selbst behilflich sein. Fragen Sie einfach – und die Antworten der Kinder sind ein Stichwort für die Fortsetzung Ihrer Geschichte.

So könnte der Anfang der Geschichte sein: Als ich gestern Abend spazierenging, da schlenderte ich gemütlich am Kindergarten vorbei. Und was sah ich da – ich traute meinen Augen nicht: Ein kleiner Hund saß am Gartentor und sah sehr traurig aus. Was war geschehen? (Kinder fragen …)
Da kann die kleine Nicola helfen, dachte ich, denn sie mag Hunde sehr gerne und weiß gewiß einen Rat. Der kleine Hund wedelte freudig mit dem Schwanz und hoppelte hinter mir her. Wir gingen zu Nicola. Und sie hatte wirklich eine gute Idee (Nicola antwortet jetzt selbst …) …

Was für ein schöner Tag für Nicola, alle hören die Geschichte von ihr und dem kleinen Hund! Wer wird wohl morgen in der Geschichte vorkommen? Vielleicht zwei Freunde? Vielleicht zwei Kinder, die sich noch gar nicht näher kennen, aber in der Geschichte gut zusammenpassen!

Märchen-Durcheinander

Verdrehte Märchen können lange Zeit der Märchen-Hit der Kinder sein. Wieder und wieder wollen die Kinder das Märchen-Durcheinander hören und passen genau auf, wann beim Erzählen wieder etwas durcheinander gerät. Die Kinder sind stolz, wenn sie einen Fehler entdecken. Und am Schluß bekommen sie ein anerkennendes Lob für ihre Aufmerksamkeit! Na klar!

Quatsch-Märchen für die Jüngeren
Ein bekanntes Märchen wird ein bißchen verändert. Da nimmt Rotkäppchen eine Kiste voller Bauklötze für die Großmutter mit, der Wolf sagt Miau, das Rotkäppchen pflückt Tannenbäume usw. Wenn ein Kind den Quatsch entdeckt, ruft es „Falsch!“ und die richtige Version wird erzählt.

Märchen-Kuddel-Muddel für die Älteren
Dies ist etwas für Märchenprofis, die viele Märchen kennen, denn nur dann können sie das Durcheinander herausfinden und richtig zuordnen. Da trifft nämlich Rotkäppchen Hänsel und Gretel im Wald, sie spielen mit den sieben Geißlein, und bei der Großmutter sitzt das tapfere Schneiderlein auf dem Tischlein-deck-dich …
Da gibt es viel zum Kichern und Lachen – ein Riesenspaß für die Gruppe!

Ich kenne zwei Zecken   

Text und Melodie: Gerhard Schöne

Ich kenne zwei Zecken,
die zwicken und zwecken
und sich dann verstecken,
oh, oh!
Ich kenne zwei Hasen,
die Blockflöte blasen
ganz frech auf dem Rasen,
oh, oh!

Ich kenne zwei Mücken,
die hinter dem Rücken
’ne Pizza verdrücken,
oh, oh!
Ich kenne zwei Asseln,
die immerzu quasseln
und alles vermasseln,
oh, oh!

Ich kenne zwei Finken,
die Kräuterschnaps trinken
und derartig stinken
oh, oh!
Ich kenne zwei Kätzchen,
die rufen: „Hey Schätzchen,
gib Bussi, gib Schmätzchen!“,
oh, oh!

Ich kenne zwei Eulen
mir riesigen Beulen,
die heulen und heulen,
oh, oh!
Ich kenne zwei Spatzen,
die jeden beschwatzen,
sogar alte Katzen,
oh, oh!

Ich kenne zwei Echsen,
die woll'n Michael Jackson
mit Blicken verhexen,
oh, oh!
Ich kenne zwei Köter,
die reimen ein jöder.
Es wird immer blöder …
oh, oh!

Bilderbücher selbstgemacht

Gruppen-Tagebuch

Wie spannend ist es für uns Erwachsene, die Kinder zu beobachten, wie sie die Welt entdecken, Worte erfinden, Erlebnisse wahrnehmen; wie sie den Regenwurm vor der Sonne retten oder sich beim Nikolaus beklagen, wie sie Kuchen backen und beinahe den ganzen Teig vernaschen.
Solche Erlebnisse könnten Sie in einem extra Gruppen-Tagebuch notieren. Natürlich wollen die Kinder wissen, was Sie da aufschreiben. Also, wer zuhören will, nimmt Platz! Und dann lesen Sie die kleine Notiz den Kindern vor. Wer will etwas dazu malen?
So entsteht nach und nach ein großes, buntes Bilder-Tagebuch, aus dem Sie später den Kindern oft vorlesen müssen. Und zum Abschluß der Kindergartenzeit bekommt jedes Kind eine Kopie dieses Buches überreicht. Eine tolle Erinnerung!

Geschichten-Bilderbuch

Auch aus der Fortsetzungsgeschichte von Seite 62 kann ein buntes Bilderbuch werden. Jedes Kind malt die Geschichte, in der es vorkommt. Einen Text braucht dieses Bilderbuch nicht. Denn die Kinder wissen ganz genau, was in ihrem Teil der Geschichte alles passiert ist. Und so können sie sich untereinander die Geschichten erzählen, jeder seinen Teil.

Foto-Bilderbuch

Macht Ihnen Fotografieren Spaß? Das wäre schön, dann könnten Sie mit den Kindern dieses Foto-Bilderbuch gestalten. Immer wieder fotografieren Sie eine Besonderheit, den Marienkäfer auf Lenas Finger, Jan und Jonas beim Kuchenbacken, Till beim Konstruieren eines Windrades, Maja und Sarah in der Kuschelecke mit dem Tatzelwurm (siehe die Seiten 56 und 57). So werden Alltäglichkeiten zu Besonderheiten.
Dann gibt es noch Fotos der Kinder, wie sie singen, tanzen, turnen, bauen, malen, Theater spielen. Der ganze Kindergartenalltag wird eingefangen, festgehalten und dokumentiert.

Weißt du noch?

Dieses Foto-Bilderbuch wird bestimmt das Lieblingsbuch der Kinder werden. Schließlich sind sie ja darin zu sehen! Immer wieder werden sich ein paar Kinder in eine Ecke setzen und gemeinsam das Buch durchblättern, sich an die Situationen, die da fotografiert wurden, gegenseitig erinnern und sich noch einmal davon erzählen. Wenn die Geschichte immer wieder anders ausfällt, macht das nichts! Das passiert bei Geschichten oft. Die Hauptsache ist, den Kindern gefällt es so, und sie haben Spaß miteinander!

Halli hallo – hier ist das Kinder-Radio

Mit roten Ohren vor Aufregung sitzen die Kinder vor dem „Cassettenrecorder-Radio“ und hören ihre Kindersendung. Echt wahr, ihr eigenes, selbstgemachtes Kinderprogramm! Na, da staunt jeder!
Doch wer hinter die Kulissen schaut, genauer gesagt ins Kinder-Tonstudio blickt, der merkt, daß alles recht einfach ist und daß so ein Radioprogramm von jeder Kindergruppe nachgemacht werden kann. Dazu will diese Informationsseite anregen.

Das Radioprogramm

Zweimal im Jahr gibt es ein neues Radioprogramm, mit Neuigkeiten aus dem Kindergarten, der neuen Hitparade der Lieblingslieder, den schönsten Kindergedichten, mit Berichten und Erzählungen, Interviews, Wünschen und Träumen, Spaßgeschichten und Geräuscherätseln, mit der beliebten Kindertanzmusik und dem lustigen Fingervers, Rhythmusspielen auf den Orff-Instrumenten und Krachmachmusik mit Töpfen und Jahrmarktströten.
Kunterbunt ist das Programm, und alles von den Kindern gemacht.

Wenn die Sendung fertig ist, wird die Cassette den Kindern vorgespielt. Und jeder kann sie jederzeit noch einmal hören. Auch anderen Gruppen oder interessierten Eltern wird sie ausgeliehen. Und wer will, kann auch eine Kopie kaufen.

Im Tonstudio

Das Tonstudio kann überall aufgebaut werden, zum Beispiel drinnen im Gruppenraum, wenn die anderen Kinder draußen auf der Wiese spielen, oder im Bastelkeller, wenn er gerade frei ist. Hauptsache, die Kinder, die mitmachen, sind ungestört und die Nebengeräusche gering.
Dann braucht man einen Cassettenrecorder mit Mikrophon, das in fast jedem Recorder eingebaut ist, eine Leercassette und eine muntere Kinderschar, die gerne singt und lacht, erzählt und Späße macht.
Auch Geräusche sind wichtig, sie werden zwischen die einzelnen Beiträge eingeschoben. Mal ist es eine einfache Glockenspielmelodie, mal ein Trommelwirbel auf dem Plastikeimer, mal das Kinderlachen im Garten oder Schritte im Gang. Es gibt ja so viele Ideen.

Die Redaktion

Die Kinder besprechen, was sie diesmal in ihr Programm aufnehmen wollen. Was gibt es Neues? Über welchen Witz kichern sie schon seit Tagen? Alle Ideen werden mit Bildern auf ein Programmplakat gemalt, dann wird die Reihenfolge festgelegt. Jetzt weiß jeder, wann wer dran ist.

Jan hat eine gute Stimme, er soll singen, und beim Refrain fallen die anderen mit ein. Jonas möchte sein Lieblingsgedicht vortragen. Till kann gut erzählen, und deshalb darf er vom letzten Wandertag berichten. Der Lars soll mitmachen. Na klar, das geht auch gut zu zweit. Leo ist der Witzemacher der Gruppe, jetzt soll er seinen Witz im Radio erzählen, und danach kichern und lachen die anderen ins Mikrophon.

Ton ab – Band läuft!

Jetzt heißt es mucksmäuschenstill sein und nicht kichern, auch wenn das schwer fällt. Die Aufnahmetaste des Recorders wird gedrückt.

„Halli hallo, hier ist das Kinder-Radio!" rufen alle im Chor, dann gibt es eine wilde Rassel- und Trommelmusik. Stopp! Das war der Anfang. Gleich abhören, ob die Aufnahme gut geworden ist. Ja, gefällt es den Kindern? Prima, dann kann es weitergehen. Wenn die Aufnahme daneben ging, kein Problem, gleich nochmal versuchen. Allerdings, allzu kritisch muß man auch nicht sein, sonst hört der Spaß auf.

Also, nach der Begrüßung stellen sich alle Kinder vor:

„Ich bin Judith, ich heiße Eva ..."

Und jetzt singen alle das Lieblingslied. So geht es immer weiter. Nach jedem Beitrag wird gleich überprüft, ob die Aufnahme in Ordnung ist. Dann geht es weiter.

Zum Schluß rufen alle Kinder:

„Halli hallo, das war das Kinder-Radio!", und mit einem Gongschlag oder einem Kichern und Lachen – Kitzeln ist erlaubt – endet das Programm.

Kinder-Fernsehen

Filmen Sie gerne, haben Sie eine Videokamera oder können sich eine leihen? Dann steht dem Kinder-Fernsehen nichts mehr im Wege.
Längst kennen die Kinder Fernsehen und Videofilme. Egal, ob die Eltern dafür oder dagegen sind. Denn bei den Nachbarn und bei den Großeltern ist fernsehen erlaubt.
Doch selbst einen Film machen, das ist etwas ganz anderes. Da werden die Kinder aktiv, wie sie es vor keiner „Fernseh-Glotze" sonst sind.
Hierzu ein paar Anregungen.

Das Programm

Unser Kindergarten
Die Kinder stellen ihren Gruppenraum und alle Spielsachen vor. Sie sprechen selbst in die Kamera und malen, spielen und zeigen, was sie gerne machen.
Ein Film auch für Eltern, Großeltern und Kinder, die bald in diesen Kindergarten kommen.

So sieht die Schule aus
Die Schulkinder der ersten Klasse treffen sich mit den Kindergartenkindern und zeigen ihnen, wie ihre Schule aussieht, erklären den Klassenraum und spielen mit den Kindern ein bißchen „Schule in echt".
Ein Film für die Kinder, die bald in die Schule kommen, und deren Eltern.

Trickfilm
Die Puppenecke wird zum Filmstudio. Die Puppen werden an Nylonfäden wie Marionetten geführt und stellen allerlei Unfug an. Die Puppenmütter haben dafür Verständnis, nur der Nikolaus rügt die freche Puppenschar. Ein toller Trickfilm!

Spielfilm
Die Kinder spielen ihre jeweilige Lieblingsgeschichte oder ein lustiges Lied; jeden Tag wird eine kurze Szene aufgenommen. Während Sie die Geschichte erzählen (Mikrophon?) oder mit ein paar Kindern singen, spielen die kleinen Filmschauspieler mit.

Nachrichtensendung
Dieser Film könnte ähnliche Inhalte haben wie das Programm des Kinderradios von Seite 68. Lieder, Geschichten, Witze oder Erlebnisse werden von verschiedenen Kindern vorgetragen und gefilmt. Jedes Kind aus der Gruppe sollte eine Rolle haben.

Werbesendung
Da geht die Post ab, und die Phantasie schlägt Purzelbäume! Hoffentlich können Sie hinter der Kamera ernst bleiben, wenn die Kinder ihre Erfindungen anpreisen und ihre Werbesprüche loslassen. Da gibt es die Mondrakete für Touristen, den Roboter, der die Zähne putzt, die Maschine, die endlos viel Eis und Schokolade spendet. Doch bevor die Aufnahmen starten, herrscht Hochbetrieb in der Bastelecke, bis all diese phantastischen Wunderdinge gebaut oder gemalt sind.

Jemand läßt dich grüßen

Luftpost-Grüße

Sich etwas Nettes sagen oder wünschen oder schenken, dafür gibt es viel zu selten Anlässe oder Spiele im Kinderalltag. Am Geburtstag, ja, da wird das Geburtstagskind geradezu verwöhnt mit Zuwendung. Aber sonst?
Hier sind ein paar ganz besondere Spiele, die zum Inhalt haben, dem anderen etwas Nettes zu sagen. Sie werden überrascht sein, wie Kindern diese Spiele gefallen, wie ihre Augen leuchten, wie jedes Kind in der Gruppe plötzlich gut gelaunt auf andere zugeht, andere mitspielen läßt, kurzum: wie nach so einem Spiel die Kinder miteinander freundlich umgehen.
Eines ist gewiß, immer wieder wollen die Kinder diese Spiele machen. Warum nur? Weil so ein wohlig-schönes Gefühl dabei ist, von anderen so beachtet zu werden.

Alle Kinder stehen im Kreis und haben bunte Kugeln aus zusammengeknülltem Papier in der Hand. Und auf „Achtung, fertig, los!“ fliegen viele, bunte Papierknäuel durch die Luft. Jedes Kind fängt rasch eines auf, streicht das Papier glatt und schaut, was drauf zu sehen ist. Ein Herz, ein Stern, ein Haus, ein lachendes Gesicht, die Sonne …
Wer hat es gemalt? Das wird nicht verraten. Es soll ein Gruß von einem anderen Kind aus der Gruppe sein. Diesen Luftpost-Gruß möchte natürlich jeder mit nach Hause nehmen.
Varianten: Ein andermal kann ein Papierflieger durch die Luft sausen, ein Papierröllchen oder ein gefaltetes Papierschächtelchen.

Schule
Schulkinder können natürlich schriftliche Grüße auf ihren Luftpostzettel kritzeln.

Wunsch-Orakel

„Was wünschst du ihr?“ fragt Nicola als Spielleiterin und zeigt auf Sabine. Gespannt hören alle, was Michael als Orakel sagen wird. Der steht mit dem Rücken zur Gruppe, weiß also nicht, wer es ist, und denkt nach. „Einen Berg voller Schokoladencreme!“ Oh, das wäre schön, Sabine freut sich.
Nach fünf Orakelsprüchen tritt ein anderes Kind an Michaels Stelle, schließlich ist es sehr anstrengend, sich immer neue tolle Wünsche auszudenken.
Was kann man noch alles wünschen? Eine Mondrakete, einen Zauberhut, einen Indianer als Freund ... eben all die Dinge, die in den Wunschträumen der Kinder vorkommen.
Ein andermal können die Kinder sich auch anschauen und ganz spezielle Wünsche für den anderen ausdenken.

Wichtelpäckchen

Das ist ein alter Brauch zur Weihnachtszeit: Alle Namen werden einzeln auf Zettel geschrieben, jeder zieht ein Zettel-Los und muß dieser Person heimlich ein kleines Päckchen zustekken. Aber keiner darf wissen, wer wen beschenkt hat.
Weil Kindergartenkinder kaum ihre Namen schreiben oder andere Namen lesen können, und weil dieses Spiel auch zu anderer Zeit gespielt werden kann, hier eine Spielvariante, auf die auch mitten im Sommer zurückgegriffen werden kann:
Alle Kinder basteln etwas Schönes, zum Beispiel eine Perle aus Ton, hübsch angemalt und mit einem Band versehen, einen Hüpffrosch aus Papier, einen Marienkäfer aus einer Nußschale, ein Mäuschen aus Knete mit einem rosa Wollschwänzchen. Alle Kinder können auch das gleiche basteln.
Dann wird die Bastelei eingepackt und verschnürt, und alle Päckchen kommen in einen Korb. Nun darf jeder sich ein Päckchen nehmen: Augen zu und reingefaßt! Es ist ein bißchen eine Stimmung wie an Ostern oder Weihnachten, weil alle Kinder ein kleines Päckchen auspacken können.

3. Kapitel

Wir gehören zusammen

Wer ist wer?

Da sitzt die Kindergruppe im Kreis, die einen kichern und lachen, andere reden miteinander, einige machen Quatsch, kaspern herum und wollen auffallen, und dazwischen sitzen ein paar Kinder ganz still, zurückhaltend und werden von keinem beachtet.
Da muß etwas geschehen, jetzt sind Sie als Spielleiterin herausgefordert, um mit Spielangeboten jedes Kind einzeln zu erreichen, aber auch das Zusammengehörigkeitsgefühl der Gruppe zu fördern. Und das ist der Schwerpunkt dieses dritten Kapitels. Hier finden Sie Spiele, bei denen jedes Kind als Mitglied der Gruppe wichtig genommen wird. Gleichzeitig wird bei den Kindern die Bereitschaft geweckt, sich in die Gruppe einzuordnen, um der Gruppe anzugehören. Was die Kinder auch wollen! Denn das, was sie dafür eintauschen, sind wunderbare Erlebnisse, die sie nur mit den anderen im gemeinsamen Spiel erfahren können.
Auch hier sind immer wieder alte Spielklassiker aufgeführt, die sich bewährt haben, die heute noch genauso beliebt sind wie früher und die genau diesem Zweck dienen: den einzelnen zur Gruppe hinzuführen und ihm den Einstieg in die Gruppe zu erleichtern.

Hänschen, piep einmal

Dieses uralte Kinderspiel hat an Aktualität nichts verloren und ist bei alt und jung beliebt wie eh und je.
Alle sitzen im Kreis, einer steht in der Mitte, bekommt die Augen zugebunden, tastet sich vor und setzt sich auf den Schoß eines Mitspielers. „Hänschen, piep einmal!“ fordert er auf und versucht herauszubekommen, auf wessen Schoß er sitzt. „Piep“ sagt eine Stimme leise. Wer ist es? Dreimal darf man fragen, dreimal muß der Unbekannte antworten. Beim nächsten Mal sagt er sein „Piep“ schon munterer und beim dritten Mal ist ein lautes „Piiieeep!“ zu hören. Na, so brüllt nur der Tonio! Stimmt! Der bekommt jetzt die Augen verbunden, wird in die Kreismitte gestellt und muß dann wieder einen Schoß zum Draufsitzen finden.
Eine Variante dazu: Alle sitzen im Kreis, ein Kind hält sich die Augen zu, der Spielleiter, das kann auch ein Kind sein, zeigt auf einen Mitspieler aus der Gruppe. Dieser kann nun lachen oder singen oder Tiergeräusche nachahmen. Wer ist es?

Wer hat was ausgewählt?

Alle Kinder schauen sich im Gruppenraum um, holen einen kleinen Gegenstand und legen ihn heimlich in einen Korb: eine Murmel, ein Spielauto, ein Puppenmützchen, einen Bauklotz, eine Perle usw. Dann setzen sich alle in den Kreis, und der Spielleiter kippt den Korb um. Das Raten beginnt. Einer fängt an: „Die Tigerente hat sich der Janosch ausgesucht.“ Stimmt! Jetzt darf dieser weiterraten. Weil alle Kinder einen Gegenstand in den Korb gelegt haben, kommen auch alle mal an die Reihe!

Rate, wer ich bin

Einer geht im Kreis herum, die Augen sind verbunden. Er versucht, durch Abtasten einen der Mitspieler aus dem Kreis zu erkennen. „So Strubbelhaare hat nur der Marco!“ Erraten! Jetzt macht Marco weiter.

Wer fehlt?

Ein Spieler geht vor die Tür oder dreht sich um und hält sich die Augen zu. Ein anderes Kind schlüpft schnell unter eine Decke. Wer es ist, das wird der Spieler vielleicht erraten, wenn er sich in der Gruppe umschaut. Findet er es nicht heraus, kann er das Kind unter der Decke auffordern: Lach doch einmal! Oder: Ruf mal Kuckuck! Sing ein Lied! Belle wie ein Hund! Na – ob jetzt klar ist, wer unter der Decke steckt?

Unter einer Decke stecken

Zwei Kinder krabbeln unter eine Decke, es kann auch ein Bettlaken oder ein alter Vorhang sein. Vorher muß sich ein Kind aus dem Spielkreis umdrehen und die Augen zuhalten. Dann geht das Krabbeln und Abtasten los. Wer hat sich unter der Decke versteckt?
Spielvariante: Im Bettlaken sind Schlitze eingeschnitten. Da können die Kinder schon mal einen Arm, ihren Haarschopf oder einen Fuß herausstrecken.

Den Tag gemeinsam beginnen

Kinder brauchen Rituale

Ein moderner Slogan für eine alte Geschichte. Denn unser Leben ist und war schon immer eingeteilt und ausgerichtet nach Ritualen – für den Tag, für die Woche, für das Jahr, für Feste, für Begegnungen aller Art. Diese Rituale dienen dazu, das Zusammenleben der Menschen zu erleichtern, jeder weiß, was man zu tun hat, da gibt es keine Unsicherheiten und Mißverständnisse.
Deshalb ist es auch für Kinder sinnvoll, Rituale im Zusammenleben zu haben. Diese sind auch für sie ein gutes Hilfsmittel für ein gutes Miteinanderauskommen; vorausgesetzt, die Rituale werden von den Kindern verstanden und machen Sinn.
Im Kindergarten braucht man diese Rituale besonders, sie sind für die Kinder eine Orientierungshilfe für das Gruppenleben, das sie erst lernen müssen. Dazu ein paar Beispiele.

Wann beginnt die Gemeinsamkeit?

Nehmen wir den Tagesbeginn. Nach und nach rücken die Kinder im Kindergarten an. Die einen spielen gleich in der Bauecke, auch die Puppenecke ist schnell besetzt, dann werden die Spieltische belegt – und es kommen immer noch Kinder neu dazu. Keiner beachtet sie, weil die anderen bereits in ihre Spiele vertieft sind.
Wann also beginnt die Gemeinsamkeit in der Gruppe? Wann beginnt die gemeinsame Zeit?
Ein Vorschlag: Denken Sie sich ein Ritual aus, mit dem jeder Tag gemeinsam begonnen wird. Sie werden überrascht sein, wie wichtig die Kinder dieses Tagesritual nehmen, wie sie darauf bestehen, wie sie es nicht versäumen wollen. Und wie sie es brauchen. Diese Gewohnheit nimmt die Angst vor der großen Kindergruppe, gibt Sicherheit, fördert Vertrauen und Zufriedenheit unter den Kindern und stärkt das Selbstvertrauen: Es wird ein guter Tag!

Der Morgenkreis

Ja, der Stuhlkreis hat alte Tradition, wird immer wieder verpönt und abgeschafft, um bald darauf wieder neu eingeführt zu werden. Diese Diskussion über Vor- und Nachteile des Stuhlkreises scheint ein Problem der Erwachsenen zu sein. Denn den Kindern macht es wirklich Spaß, so rundum im Kreis auf Stühlen zu sitzen, jeder kann jeden sehen, jeder wird von jedem beachtet. Also, probieren Sie es doch mal wieder mit dem guten, altbewährten Stuhlkreis, zum Beispiel auf diese Weise:
Ein Stuhlkreis wird aufgebaut, immer zur selben Zeit. Jetzt wissen die Kinder, daß gleich ein gemeinsames Spiel beginnt. Das wollen sie nicht versäumen, und sie werden sich beeilen, ihr eigenes Spiel vom frühen Morgen zu beenden. Wer schon fertig ist, hilft beim Stühle aufstellen. Sitzen alle Kinder auf ihren Plätzen, kann es losgehen.
Jetzt kommt es darauf an, eine Begrüßungsform zu finden, bei der jedes Kind beachtet und angesprochen wird. Vielleicht mit einem Kreisspiel oder dem Guten-Tag-Spiel auf Seite 13, oder einem Lied, siehe Seite 48, oder alle Kinder halten sich an den Händen und wünschen sich einen guten Tag.

Das Morgenkreis-Programm

Im Morgenkreis gibt es viel zu besprechen, am besten immer in der gleichen Reihenfolge.

Wer ist da und wer nicht?
Sind alle da? Fehlt einer? Der leere Stuhl zeigt es an. Wie schön zu wissen, daß die Kindergruppe an einen denkt, wenn man krank ist!

Wer will etwas erzählen?
Manchmal sind die Kinderherzen voll mit Erlebnissen, die sie unbedingt erzählen wollen. Erst dann sind die Gemüter wieder beruhigt. Jeder, der etwas erzählen will, bekommt einen roten Tennisball in die Hand. Den wird er festhalten, bis er an der Reihe ist und erzählen darf. So weiß man, daß man wirklich drankommt. Das erleichtert das Warten. Wenn es mal zu viele Kinder sind, können Sie zu einem späteren Zeitpunkt in der Kuschelecke eine extra Erzählrunde einplanen.

Das Tagesprogramm
Zum Schluß erfahren die Kinder, was der heutige Tag alles bringen wird, welche Spiele, Aktionen, Bastelarbeiten oder Besonderheiten geplant sind.

Abschluß
Zum Schluß gibt es ein Spiel, bei dem die Kinder die Gemeinschaft erleben und vergnügt miteinander werden. Solche Spiele finden Sie vor allem in diesem Kapitel.

Begrüßungslied

Text und Melodie: Gerhard Schöne

* Auftakt wird nur gesungen, wenn die Länge des eingesetzten Namens dies verlangt.

Die Kinder sitzen, stehen oder gehen im Kreis, reihum wird jedes Kind singend begrüßt und nach seinem Wohlbefinden gefragt. Jedes Kind antwortet einzeln und zeigt den anderen, wie es sich fühlt. Wenn es fröhlich ist, strahlt oder lacht, nickt oder „Ja!" sagt, dann singen alle anderen den Sonnenschein-Vers und klatschen dazu. Wenn das Kind jedoch traurig ist, müde oder verärgert, den Kopf schüttelt oder „Nein!" sagt, dann singen die anderen Kinder den Kummer-Vers und pusten am Schluß kräftig den Kummer weg.

Tanja, sei gegrüßt!
Schön, daß du bei uns bist.
Du, zeig mal, ob's dir gut geht,
ob du fröhlich bist.
Komm wie der Sonnenschein
in unsern Kreis herein.
Wir wollen miteinander
alle fröhlich sein!

Steffen, sei gegrüßt!
Schön, daß du bei uns bist!
Du, zeig mal, ob's dir gut geht,
ob du fröhlich bist.
Oh Steffen, kannst du's sehn?
Da kommen gute Feen!
Die pusten deinen Kummer weg.
Ach, ist das schön!

Wer sitzt neben wem?

Oh ja, wer neben wem sitzt, das ist für die Kinder ganz besonders wichtig! Freunde wollen nebeneinander sitzen, auch neben dem Wortführer nehmen einige gerne Platz, und dicht neben Ihnen möchten sowieso alle Kinder sitzen. Aber dann gibt es auch Kinder, neben denen keiner sitzen mag.
Hier ist wieder Ihre pädagogische Phantasie gefragt, wie Sie diese Kinder in die Gruppe integrieren. Am besten mit lustigen Spielen, die die Kinder gerne machen und dabei gar nicht merken, daß sie jetzt neben einem unbekannten Kind zu sitzen kommen.

Zublinzeln

Bei diesem Spiel werden alle Kinder gründlich durcheinandergemischt. Ein Stuhl ist zuviel im Kreis. Die zwei Kinder, die links und rechts daneben sitzen, sprechen sich ab, wem sie zublinzeln wollen. Der, dem zugeblinzelt wird, fühlt sich geschmeichelt und wechselt schnell den Platz. Dann begrüßen sich die drei mit Handschlag, und das Spiel geht weiter. Wieder ist ein Stuhl frei, auf den sich gleich ein anderer setzen wird. So kann jeder seine liebsten Nebensitzer herbeilocken.

Memory-Plätze

Memory-Kärtchen werden je zur Hälfte an die Kinder und auf die Sitzplätze verteilt. Auf „Achtung, fertig, los!“ beginnt das lustige Suchen nach dem richtigen Platz.

Puzzle-Plätze

Kleine Bildmotive werden aus Zeitschriften ausgeschnitten, auf postkartengroße Zettel oder Dekokartons aufgeklebt und mit einer Schlangenlinie durchgeschnitten. Ein Puzzleteil wird auf die Plätze verteilt, die andere Hälfte den Kindern in die Hand gedrückt.

Einfach abzählen

Alle Kinder stehen im Kreis, eines zählt ab: Eins, zwei, drei, du bist frei!
Dieses Kind darf sich setzen. Eins, zwei, drei, du bist frei! Der nächste sitzt daneben. So geht es schnell weiter, bis alle Platz genommen haben. Jetzt ist die Kindergruppe bunt gemischt. Eine Chance für neue Kontakte.

Platzhalter

Platzhalter können kleine Bildchen sein, die jeder gemalt hat, oder selbstbemalte Sitzkissen, Anregungen dazu stehen in Band 1: „Ich“, Seite 107. Ein andermal steht der eigene Schuh vor dem Stuhl oder liegt ein Handschuh oder eine Mütze drauf – und jedes Kind weiß, wo diesmal sein Sitzplatz ist.
Mit der Zeit werden die Kinder selbst immer wieder neue Platzhalter erfinden. Da alle die Spielregel akzeptieren, hält es jedes Kind aus, mal da, mal dort und auch mal neben einem fremden Kind zu sitzen. Das könnte der Beginn neuer Freundschaften sein.

Jeder ist wichtig

Freunde haben, das ist für Kinder sehr wichtig, ebenso, zu einer ganzen Gruppe zu gehören. Doch das macht kleinen Individualisten große Probleme. Und gerade die sollten erleben, daß es nicht darum geht, sich einer Gruppe unterzuordnen, sondern darum, sich einzuordnen! Jeder einzelne ist wichtig in der Gruppe, die er mit seinen Eigenheiten und Besonderheiten bereichern kann. Dazu ein paar Spiele.

Der Gruppenstern

Alle Kinder sitzen im Kreis. Melanie hat ein Wollknäuel in der Hand, hält das Ende des Fadens fest und rollt das Knäuel Moritz zu. Der nimmt das Wollknäuel, hält mit der einen Hand den Faden fest und rollt das Knäuel quer durch den Kreis zu Janis. Und so rollt das Knäuel kreuz und quer von einem Kind zum anderen. Alle Kinder halten den Faden fest. So entsteht ein großer Stern mit vielen Zacken. Schön sieht das aus.

Dieses Spiel kann man mit anderen Spielformen verbinden, zum Beispiel ruft jeder den Namen des Kindes, dem er das Knäuel zurollt, oder sagt ein Kompliment, siehe Seite 91.

Und was gibt es beim Einrollen des Sternes zu sagen? Vielleicht erzählt jeder, was ihn glücklich macht oder was er heute spielen möchte.

Mein Wippidu

Ein Spiel für die Jüngeren:
„Wer ist Wippidu?“ Das fragen sich auch die Mitspieler, wenn sie hören: „Mein Wippidu kann ganz schön malen, hat blaue Augen ... (bestimmt schauen sich jetzt alle Kinder schnell mal in die Augen) ... und ist heute ganz früh im Kindergarten gewesen. Mein Wippidu spielt meistens in der Puppenecke ...“
So geht die Beschreibung immer weiter. Möglichst keine Kleidungsstücke beschreiben, denn dann wäre das Raten der Person zu einfach.
Wer eine Vermutung hat, ruft laut den Namen. Richtig geraten? Dann darf er ein neues Wippidu auswählen.
Was die Kinder alles voneinander wissen! Bestimmt werden Sie darüber staunen! Und die Kinder, die die anderen noch nicht so gut kennen, werden bei diesem Spiel sehr aufmerksam zuhören. Denn da gibt es viel zu erfahren.

Im Zauberland

Ein Spiel für die Älteren:
Max geht kurz aus dem Raum, die anderen Kinder bestimmen eine Person, von der die Rede sein wird, die Max also erraten muß. Dann kommt Max wieder herein und stellt seine Fragen, zum Beispiel: Welches Tier ist der andere im Zauberland? Welche Blume ist er im Zauberland? Welche Farbe, welche Jahreszeit, welche Märchenfigur, welche Landschaft ...? Diese Fragen werden immer jeweils an einen Mitspieler gerichtet, und der muß antworten. Und wer ist es nun? Das ist gar nicht so einfach – aber sehr spannend für die Kinder selbst.
Danach entsteht ein eifriges Gespräch zwischen den Kindern. „Warum soll ich als Tier ein Elefant sein?“ Die Antwort: „Weil du so stark bist, aber niemand etwas zuleide tust, eben wie ein Elefant!“ Stimmt!
Erst, wenn alles geklärt ist, geht die nächste Spielrunde los.

Einander zuhören

Das ist die große Kunst, die manch ein Erwachsener nicht beherrscht. Doch einander richtig zuhören können, also seine Aufmerksamkeit voll und ganz auf den richten, der mit einem spricht, das ist die Voraussetzung für ein gutes Miteinanderauskommen. Deshalb sollten Sie den Kindern Spiele anbieten, bei denen die kleinen Plappermäuler lernen können, sich auf den Gesprächspartner zu konzentrieren.

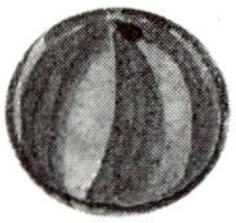

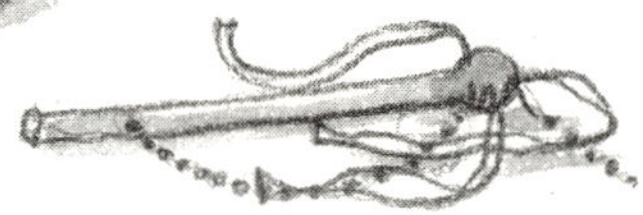

Plapperspiel

Es ist Erzählstunde, die Kinder sitzen im Kreis, vielleicht im Morgenkreis oder nachmittags in der Kuschelecke. Den Kindern sieht man es an, daß sie gleich loslegen wollen und es kaum noch aushalten können. Aber alle können nicht gleichzeitig reden. Oder doch? Ausprobieren! Auf „Achtung, fertig, los!" beginnt jeder zu reden. Was für ein Plapperdurcheinander das ist! Immer lauter wird es. Manche können nicht mehr reden, sondern nur noch lachen. Ein lauter Gongschlag beendet dieses Plapperspiel. Lustig war's, die Kinder finden es toll! Vielleicht spielen sie es gleich noch einmal?

Redestab

Doch keiner hat beim Plapperspiel etwas verstanden! Suchen Sie mit den Kindern eine Lösung. Eine Idee ist zum Beispiel der Redestab:
Ein kurzer Stab wird bunt herausgeputzt, mit Bändern, Glöckchen und Perlenschnüren. So fällt er auf. Wer diesen Stab in der Hand hält, darf reden, die anderen hören ihm zu. Dann wird der Stab im Kreis weitergegeben. Wer nichts sagen will, gibt nochmals weiter. Wer etwas zu erzählen weiß, hält ihn fest und kann auch gleich loslegen.
So sehen die Kinder, wer an der Reihe ist, und wissen, daß man sie nicht überspringt. Dann halten sie das Warten aus.

Solokonzert

Alle Kinder haben Musikinstrumente in der Hand, leise klimpernd wandern sie durch den Raum, bis ein kleiner Musikant auf einen breiten Hocker steigt. Jetzt müssen alle Kinder stehenbleiben und zuhören. Das Solokonzert beginnt. Muntere Töne spielt der kleine Solist, die anderen lauschen seinem Spiel. Und zwar so lange, bis er genug von seinem Auftritt hat, dann hüpft er wieder herunter, und alle gehen spielend weiter, bis sich ein anderer Solist bemerkbar macht.

Wer ruft an?

Die Kinder verteilen sich in zwei Gruppen, dazwischen wird eine Stellwand aufgestellt. Die einzige Verbindung ist das Schlauchtelefon. Das ist ein langer Plastikschlauch, an beiden Enden ist ein Trichter hineingeschoben.
Das Spiel beginnt: Aus jeder Gruppe nimmt ein Kind das Schlauchtelefon in die Hand. Der Spielleiter gibt Handzeichen, wer reden und wer zuhören wird. Die beiden Kinder unterhalten sich zuerst, und auf ein Zeichen muß der eine raten, wer mit ihm spricht. Da heißt es genau hinhören, denn das Schlauchtelefon verzerrt die Stimme.

Miteinander reden

Ein Gespräch miteinander führen, das stellt Ansprüche an die beiden Partner. Bei einer Erzählung berichtet nur einer, der andere hört zu. Aber der Erzähler weiß nicht, ob der andere ihn auch versteht und was er darüber denkt. Wenn sich zwei unterhalten, dann gibt es Fragen und Antworten. Die Worte und Sätze gehen hin und her. Jeder spricht mal, jeder hört mal zu. Versuchen Sie, den Kindern diesen Unterschied verständlich zu machen.
Auf den vorhergehenden Seiten ging es um das Zuhören. Bei den folgenden Spielen soll das Miteinander-sprechen bewußt erlebt werden.

Reden-Wörter

Das ist ein Spiel für die Schulkinder. Es gibt so viele Wörter für das Reden, und alle haben ein klein wenig eine andere Bedeutung. Diese Bedeutung aufzuspüren, das kann für die Kinder eine spannende Sache werden. Es gilt zu klären: Wann spricht einer und die anderen hören zu? Und wann reden zwei oder mehrere miteinander?
Die Wörter heißen zum Beispiel: sagen, flüstern, plaudern, erzählen, unterhalten, mitteilen, schildern, beschreiben, anvertrauen, vortragen, erklären, besprechen, verraten, aufsagen.

Was meinst du dazu?

Ein Diskussionsspiel für die älteren Kinder:
Sie erzählen den Kindern eine kurze Problemgeschichte aus dem typischen Kinderalltag. Dann fordern Sie die Kinder auf, miteinander darüber zu reden, ihre Meinungen auszutauschen. Immer zwei oder drei Kinder treffen sich in einer Gruppe. Jeder bekommt einen Rede-Spielpunkt, das ist ein Muggelsteinchen, eine Spielmarke oder ähnliches, und darf diesen ablegen, wenn er den anderen seine Meinung zu der Geschichte gesagt hat. Erst wenn alle in der Gruppe ihren Redepunkt abgelegt haben, dürfen die anderen wieder mitreden. Aber jetzt kann die Diskussion beginnen.
Bei diesem Spiel muß jeder ran, keiner kann sich drücken. Und das lernen und erleben die Kinder dabei: Daß jeder eine eigene Meinung hat, daß man auch unterschiedlicher Meinung sein kann, ohne mit dem anderen gleich beleidigt oder verärgert zu sein, und daß es wichtig ist, den anderen seine Gedanken zu erklären.
Und Sie gehen von Gruppe zu Gruppe und lassen die Kinder spüren, daß Sie ihnen zutrauen, allein das Gespräch zu führen.
Wer will am Schluß seine Meinung auch der gesamten Gruppe erklären?

Reporterspiel

Ein Spiel für die Jüngeren:
Die Kleinen wollen natürlich auch reden und ihre Meinung sagen. Doch fehlen ihnen noch so viele Worte, um das auszudrücken, was sie empfinden. Die eigenen Gedanken, Gefühle, Ideen und Wertschätzungen auszudrücken, das ist etwas, was sie erst lernen werden und ganz bestimmt lernen wollen, wenn sie den Größeren bei den Diskussions-Spielen zuhören. Bei diesem Reporter-Spiel wird dazu der Anfang gemacht. Es geht so:

Zwei Kinder sitzen sich gegenüber. Ihr Mikrophon ist selbstgebastelt aus Papprolle, Papierknäuel und einer kleinen Schnur als Kabel. Wer redet, hält dieses Mikrophon vor seinen Mund. Einer beginnt und stellt an den anderen eine Frage, zum Beispiel: Was hast du heute gespielt? Wer ist dein Freund? Was ißt du am liebsten? Wie heißt dein Schmusetier?
Dann bekommt der andere das Mikrophon, gibt seine Antwort und stellt eine neue Frage. Das Mikrophon wechselt wieder zum ersten Redner. Wie lange? Bis alle neugierigen Reporterfragen beantwortet sind.
Vielleicht sollten Sie zu Anfang des Spiels selbst als Reporter losziehen und Fragen stellen. Das ist die einfachste Art, den Kindern dieses Spiel zu erklären.
Das Mikrophon ist eine prima Sache, denn es zeigt anschaulich, wer gerade redet und wer zuhört.

Da ist Stimmung in der Stimme

Wir können mit dem Klang unserer Stimme mehr oder anderes mitteilen, als es die Worte zum Ausdruck bringen. Da gibt es die weinerliche Stimme, die zornige, ängstliche, freche Stimme. Auf diesen besonderen Tonfall in der Stimme kann man die Kinder mit diesem sehr witzigen Spiel aufmerksam machen.
Sie sagen zum Beispiel mit weinerlicher Stimme einen Satz wie: „Ach, wie freue ich mich auf das Mittagessen!"
Nanu, da stimmt doch was nicht mit der Stimme? Wer bemerkt den Unterschied in dem, was die Stimme und was die Worte sagen? Als nächstes könnten Sie lachend sagen: „Ha, ha, wie geht es mir heute schlecht!" Auch das ist voll daneben! Die Kinder werden erst stutzen, dann mitlachen, dann nachdenken und dann herausfinden, was da nicht stimmt! Ein spannendes und aufschlußreiches Spiel!

Variante: Die Kinder denken sich einen Satz aus und sprechen ihn mit verschiedenen Stimmungen aus, mal heiter, mal wütend, mal beleidigt, mal witzelnd. Bei den Kleineren heißt es dann: Wie eine Prinzessin, wie ein Räuber, wie die böse Hexe, wie der dumme Seppl, wie die liebe Gretel, wie das freche Kasperle.

Sich näher kommen

Diese Spiele tragen dazu bei, daß die Kinder miteinander etwas vertrauter werden, sich besser kennenlernen, sensibel füreinander werden. Mitmachen ist freiwillig, das ist klar! Denn nicht jedes Kind mag diese Nähe zu anderen Kindern, siehe dazu auch Seite 20.
Eine Sache ist gewiß, die Kinder wollen diese Spiele immer wieder machen. Irgend etwas gefällt ihnen dabei sehr gut! Was wohl?

Gruppen-Knäuel

Wer mitmachen will, kommt in die Spielecke. Jetzt strecken alle Kinder ihre Arme weit aus, so daß diese wie ein Mikadospiel kreuz und quer in die Luft staken. Dann packt jeder links und rechts irgendeine andere Hand. Zu wem gehört sie? Das wird sich am Ende herausstellen.
Die Gruppen-Knäuelei geht los, und die Kinder versuchen, dieses Knäuel zu entwirren. Sie gehen nach außen, drehen sich nach innen, schlüpfen unter Armen hindurch oder steigen über Arme hinweg. Aber keiner darf die Hände loslassen! Lieber kurz anhalten und dichter zusammenrücken, damit der Zug auf den Händen nicht zu stark wird.
Und am Schluß ist die Überraschung groß: Alle Kinder stehen Hand in Hand in einem großen Kreis. Manchmal werden es auch zwei Kreise.
Wollen die Kinder es gleich noch einmal probieren?

Platz für viele

Muntere Tanzmusik lädt zum Hüpfen, Springen und Drehen ein. Rund um die Tanzfläche stehen viele Stühle, genau gesagt, ist ein Stuhl weniger da, als Kinder mitmachen. Dann verstummt die Musik, ein Zeichen dafür, daß sich alle schnell auf einen Stuhl setzen müssen. Bis hierher ist die Spielregel die des bekannten Partyspiels „Die Reise nach Jerusalem". Doch jetzt geht die Reise einen anderen Weg: Denn wer keinen Stuhl erwischt, der setzt sich einfach einem anderen Kind auf den Schoß. Musik und Tanz gehen weiter, und ein weiterer Stuhl wird weggestellt. So nimmt das Spiel seinen Lauf, bis nur noch ein Stuhl da ist. Auf den passen auch alle, denn in einer Reihe hintereinander setzt sich jeder auf einen Schoß des anderen. Das ist ein Spaß!

Sich etwas Nettes sagen

Alle Kinder sitzen im Kreis. Sie haben einen kleinen Zauberstab in der Hand, selbstgebastelt mit Perlenschnüren und Glitzerbändern. Der Zauberstab hat eine wunderbare Wirkung: Wer ihn in der Hand hat, sagt seinem Nachbarn etwas Schönes, Nettes, ein Kompliment, etwas, was man ihm schon immer mal sagen wollte, was einem so gut an ihm gefällt, was man bewundert und ganz toll findet.
„Du hast so schöne Augen!"
„Du kannst so schön singen!"
„Du hast mich getröstet, als ich geweint habe!"
„Du hast heute morgen auf mich gewartet, das war schön!"
„Wenn du lachst, dann muß ich auch lachen!"
„Ich sitze so gerne neben dir!"
Der andere braucht nichts zu antworten. Man sieht ihm ja an, wie seine Wangen rot werden, seine Augen strahlen! Ein bißchen verlegen wird man dabei schon, weil man nicht oft so etwas Schönes gesagt bekommt. Aber gut tut das!
Dann nimmt dieser Nachbar den Zauberstab in die Hand, wendet sich dem nächsten zu und sagt ihm auch etwas Schönes, Nettes.
Und so wandern Zauberstab und liebe Worte rund herum im Kreis. Ist das letzte Kompliment bei Ihnen angekommen, ist es ein kurzes Weilchen ganz still im Raum. Alle Kinder schauen sich glücklich an. Diese besondere Stille sollten auch Sie aushalten – und einfach nichts sagen.

Die große Fotowand

Schau her, das sind wir, und das bin ich! Ja, so eine Fotowand ist schon eine wichtige Sache für Kinder. Immer wieder stehen sie davor, schauen alle Fotos an, kichern über das eigene Foto und wollen dennoch von den anderen auf dem Bild bewundert werden. Ein schönes Gefühl! Und wenn eine Fotowand noch besonders gestaltet wird, ist alles doppelt so schön! Hierzu ein paar Anregungen.

Eisenbahn

Auf der Fotowand ist ein langer Zug aufgemalt, mit dicken Pinselstrichen. Er kann auch aus Buntpapier ausgeschnitten und aufgeklebt sein.
Aus jedem Waggonfenster schauen zwei oder drei Kinder heraus. Genauer gesagt sind es ihre Fotos, die da aufgeklebt sind. Und wer ist der Lokführer? Natürlich Sie, oder nicht?

Märchenschloß

Aus glitzerndem Buntpapier wird ein großes Märchenschloß ausgeschnitten und auf das Wandbild geklebt, mit schönen Türmen und vielen, vielen Fenstern. Jedes Kind sucht sich ein Fenster in diesem Märchenschloß aus, darf es auch aufschneiden, die beiden Fensterflügel wie einen Fensterladen aufklappen und sein Foto in das Fenster einkleben.
Ein Spiel dazu: Wer in den Kindergarten kommt, klappt sein Fenster vom Märchenschloß auf, wer wieder geht, schließt auch seine Fensterläden.

Eine Variante: Das Märchenschloß wird mit Schachteln und Kartons gebastelt und auf einem extra Tisch aufgestellt. Auch hier schauen die Kinderfotos zum Fenster heraus.

Heißluftballons

An der Wand starten viele bunte Heißluftballons. Die Ballons sind echte Luftballons, mit Kleisterpapier umklebt, die Leinen sind kleine Zitronen- oder Mandarinennetze, die an ein Papierkörbchen geknüpft sind. In jedem Korb steckt ein Kind und winkt heraus. Natürlich ist auch das wieder ein Foto.
Alle Ballons können auch mit einem Faden an der Decke aufgehängt werden.

Tip: Wenn Sie gerne fotografieren, dann können Sie die Kinderaufnahmen auch selbst machen. Oder haben Sie unter den Eltern einen Hobby-Fotografen, vielleicht hat er dazu Zeit und Lust?

Immer dieses Aufräumen

Die Kinder murren und Sie seufzen: Immer dieses Aufräumen! Jetzt geht das wieder los! Igitt!
Bevor das Aufräumen zum Alptraum wird, sollten Sie mit den Kindern Aufräumspiele erfinden. Zuerst werden die Vorschläge von Ihnen kommen, weil sich die Kinder nicht vorstellen können, daß Aufräumen auch ein lustiges Spiel sein kann! Aber dann werden die Kinder erleben, daß das Aufräumen so viel leichter geht, und Gefallen daran finden. Einmal auf den Aufräumspiel-Geschmack gekommen, werden die Kinder sich immer wieder neue Spiele dafür ausdenken. Hier also der Anfang der Spielesammlung fürs Aufräumen.

Kartenspiel

Die Vorbereitung: Ein Stapel mit Kärtchen liegt auf dem Tisch. Die Kinder malen auf jedes Kärtchen ein Spielzeug. Da kommt allerhand zusammen. Bauklötze, Puppenkleider, Geschirr aus der Puppenküche, Würfelspiele, Bilderbücher ....
Nichts vergessen? Das kann ein Rundgang durch den Gruppenraum klären.
Man kann auch aus alten Katalogen den eigenen Spielsachen ähnliche Bilder ausschneiden und auf die Karten kleben.
Das Spiel: Jedes Kind nimmt vom Kartenstapel eine Karte, rennt los und schaut nach, ob von dem Spielzeug noch etwas herumliegt. Schnell einsammeln und wegräumen – fertig! Ist das Spielzeug schon weggeräumt, auch gut! Nach getaner Arbeit wird die Karte auf den Tisch gelegt und die nächste gezogen. So geht es immer weiter, wie Heinzelmännchen rennen die Kinder umher – und schnell ist der ganze Gruppenraum tiptop aufgeräumt.

Wettrennen mit der Zeit

Wie lange brauchen die Kinder, bis alles aufgeräumt ist? Zuerst schätzt jeder die Zeit, dann wird gestoppt. Ob es beim nächsten Mal schneller geht?

Ich sehe was, was du nicht siehst

Alle Kinder stehen in der Mitte des Stuhlkreises. Jens geht als Spielleiter im Raum umher, bleibt vor einem herumliegenden Spielzeug stehen und sagt zum Beispiel: „Ich seh etwas, was ihr nicht seht, und das ist rot!" Laura weiß es: „Das ist der Rennwagen!" Schnell flitzt sie los, um ihn wegzuräumen. Dann darf sie sich auf einen Stuhl setzen. Jeder muß zuerst etwas aufräumen, bevor er sich setzen kann.
Sind noch Spielsachen übrig? Na, dann heißt es nochmals ab in die Mitte, und die zweite Runde beginnt.
Sind noch Kinder übrig? Dann überlegen die selbst, was sie stattdessen für die Gruppe tun können, zum Beispiel Tisch decken, Stühle aufstellen, die Puppen ins Bett legen oder Bilderbücher schöner ins Regal stellen.

Aufräum-Musik

Die Aufforderung zum Aufräumen erreicht die Kinder auf sanfte Weise mit einer Musik. Die Kinder wissen: Wenn diese Musik zu hören ist, dann müssen sie in den folgenden zehn Minuten ihr Spiel abschließen und, wenn nötig, die Sachen aufräumen. Zehn Minuten ist eine lange Zeit, die den Kindern aber zusteht.

Aufräum-Klänge

Ein Kind wandert mit einer Glocke oder einem anderen Musikinstrument von einem zum anderen und kündigt mit seinem Spiel an, daß in zehn Minuten alle mit Spielen aufhören und sich im Stuhlkreis einfinden sollen. Nach fünf Minuten zieht es wieder los und zum dritten Mal eine Minute vor Schluß.

Tip: Nicht immer müssen alle Spielsachen aufgeräumt werden. Eine große Spielzeugstadt kann auch mal stehenbleiben. Ein selbstgemaltes Schild weist auf diese Besonderheit hin. Mehr dazu steht in Band 1: „Ich" auf Seite 109.

Blöde Laune!

Benni ist beleidigt. Mit bitterböser Miene hockt er in einer Ecke und grollt und zieht ein Gesicht wie drei Tage Regenwetter. Seine Stirn ist in tiefe Falten gezogen, seine Augen blicken finster, sein Kindermund ähnelt einem Strich.

Die anderen Kinder sind verunsichert. Was ist passiert? Wer hat etwas Böses getan? Immer wieder geht ein Kind auf Benni zu und fragt vorsichtig: „Ist was?“ Benni gibt keine Antwort, er wendet sich ab und grollt weiter. Mit dem Ruf „Beleidigte Leberwurst!“ versucht Jessica dieser unangenehmen Stimmung ein Ende zu machen. Das wirkt, Benni springt auf und will Jessica verdreschen! Doch die ist flink und rennt davon. Benni hinterher, er stolpert über ein liegengebliebenes Auto, das Geschrei ist groß.

Und was tun Sie jetzt?

Klar tut das weh, wenn man hinfällt, und Benni braucht Trost. Aber bei der Sache mit der beleidigten Stimmung und der Zankerei, da sollten Sie sich besser heraushalten. Das eine muß deutlich vom anderen getrennt werden.

Wenn es möglich ist, kommen beide Kinder an den Konferenztisch, siehe Seite 38. Wenn Benni aber bockig ist und keinen Ton sagt, dann sollte man ihn in Ruhe lassen.

Das ist für die Gruppe nicht einfach. Denn es stört und macht die Kinder auch betroffen, wenn da einer mit fürchterlich beleidigter Miene herumsitzt.

Da können Sie helfend eingreifen und den anderen Kindern erklären, daß Benni seine Ruhe haben und auch nicht angeschaut werden will, und daß er von sich aus wiederkommen wird.

Genauso schwer fällt es den kleinen Trotzköpfen, sich nach einer ausgelebten schlechten Laune wieder in die Gruppe zu integrieren. Es ist ihnen irgendwie peinlich, und sie drücken sich unsicher in den Ecken herum. Das ist ja auch eine schwierige Sache, denn einerseits wollen sie beachtet werden, jeder soll sehen, wie gekränkt sie sind, andererseits ist es sehr unangenehm, von allen angestarrt zu werden.

Dieses Beleidigtsein ist sehr anstrengend, aber Alleinsein macht auch traurig.

Miteinander reden

Im Kinderkopf und Kinderherz ist jetzt ein großes Durcheinander. Wie findet man da wieder heraus? Und genau das muß Benni lernen, sonst verliert er viele Freunde, weil die sich zurückziehen werden. Wer hält schon so einen täglichen Stimmungswandel aus!

Wenn es Benni wieder gut geht, dann sollten Sie mit ihm sprechen.
Ihre mitfühlenden Worte können dem Kind Sicherheit geben: „Weißt du, ich mag dich trotzdem sehr, auch wenn du beleidigt bist. Das hat damit nichts zu tun. Aber ich weiß dann selbst nicht, wie ich dir helfen kann. Sagst du es mir?"
Ihre verständnisvollen Worte können ihn trösten: „Ich kenne das, wenn man auf alle sauer ist und kein Wort reden will. Das ist schlimm."
Und Ihre Fragen können eine Hilfe auf der Suche nach einer Lösung sein: „Was meinst du, was die anderen Kinder tun sollen, wenn du so beleidigt bist und dich zurückziehst?"

Tip: Weitere Anregungen zu diesem Thema sind auf den Seiten 36 bis 39 und auch in Band 1: „Ich" auf den Seiten 46 und 81 nachzulesen.

Eine Höhle für den Rückzug

Oft erklären die Kinder, daß man sie allein lassen soll, nicht so dumm daherreden, nichts fragen und sie überhaupt nicht ansprechen, auch nicht anschauen soll. Am liebsten würden sie sich verkriechen, aber es gibt hier im Gruppenraum keine Höhle. Immer sind die anderen auch noch da.
Das stimmt! Jetzt sind die Kinder dran und überlegen, wie sie so eine Höhle schaffen können. Vielleicht sind die Kinder bereit, für so einen Ausnahmefall ihre Kuschelecke herzugeben. Denn da kann man die Vorhänge zuziehen, siehe Seite 31. Das wäre zum Beispiel eine Lösung.

Stimmungsuhr

Das ist auch eine Hilfe für launische Kinder, denen die Worte fehlen. Die Uhr wird aus Karton gebastelt und hat einen Zeiger, der mit einer Postklammer festgeklemmt wird, so daß man ihn drehen kann. Auf die Uhr werden Bildmotive gemalt, zum Beispiel für folgende Aussagen: Mir geht es nicht gut, ich bin traurig, ich bin beleidigt, laßt mich in Ruhe.
Wenn nun ein Kind beleidigt ist, hängt es diese Uhr in seiner Nähe auf und die anderen wissen, was sie tun können.
Nur die eine Aussage „laßt mich in Ruhe" heißt totaler Rückzug! Das wird dann auch respektiert. Aber vielleicht wird einige Zeit später der Zeiger weitergedreht auf „ich bin traurig". Und das bedeutet: „Es wäre schön, wenn jemand kommt und mit mir redet." Der erste Schritt zur Überwindung der gegenwärtigen Stimmung ist gemacht!

Der Bestimmer

Eine ernste Sache

Immer wieder kommt es vor, daß ein kleiner Tyrann eine ganze Kindergruppe manipulieren kann. Er ist der Bestimmer und kommandiert herum. Und seine Anhängerschaft macht, was er will. Warum? Dem gilt es auf die Schliche zu kommen. Ist er einfach ein toller Typ? Na, dann hat er eben schon früh seinen Fan-Club um sich herum versammelt. Oder macht er sich beliebt und verteilt seinen Untertanen Süßigkeiten? Wer nicht folgt, bekommt nichts! Oder droht er den anderen Kindern mit bösen Worten und macht ihnen Angst? Dann ist dringend ein Elterngespräch notwendig! Bleibt dieses erfolglos, sollten Sie einen pädagogischen Berater hinzuziehen.

Eine weniger ernste Sache

Doch oft ist zu beobachten, daß mal dieser, mal jener der Bestimmer ist und daß mal diese und mal jene Kinder zur Anhängerschaft gehören. Mit den Spielen hier können die Kinder einen Rollentausch üben, denn jeder wird mal Bestimmer sein!

Wer ist der Oberaffe?

Halil geht vor die Tür. Die anderen bestimmen einen Anführer, den Oberaffen. Was der macht, machen alle nach. Nun kommt Halil wieder herein. Die anderen verhalten sich sehr komisch, sie kratzen sich am Kopf, hüpfen auf einem Bein, lachen und schlagen sich dabei auf die Schenkel, spielen Hampelmann – und Halil muß herausfinden, wer der Anstifter dieser Verrenkungen ist. Hat er den Oberaffen gefunden, muß der vor die Tür, und ein neuer Bestimmer wird gewählt.
Für manche Kinder ist es ein ungewohntes Gefühl zu erleben, wie die ganze Gruppe das macht, was sie vormachen.

Eine wichtige Zusatzregel

Bei all diesen Spielen kann jedes Kind „Halt!“ rufen, wenn ihm etwas komisch vorkommt. Dann ist kurze Spielpause, und das Kind erklärt sein Unbehagen. Man muß ja wirklich nicht jeden Quatsch nachmachen! Das gilt es auch zu lernen!

Das Königsspiel

Das ist eine alte Tradition: Am 6. Januar wird ein Rührkuchen gebacken und eine Mandel darin versteckt. Wer das Kuchenstück mit der Mandel erwischt, ist König, darf regieren und bestimmen, was die anderen machen sollen.
Doch dieses Spiel kann auch mitten im Jahr gespielt werden, warum nicht? Es muß ja nicht immer ein Mandelkuchen gebacken werden. Die Kinder können auch Lose ziehen oder den König auszählen. Wer schon mal König war, kommt auf die Königsliste und hält sich bei der nächsten Auslosung zurück.
Und nun die Spielregel: Der König bekommt eine Krone aus Goldpapier aufgesetzt und darf bestimmen – alle Spiele, Lieder, Geschichten und was man sonst noch machen kann. Vielleicht eine halbe Stunde lang?
Für schüchterne Kinder eine wichtige Übung, auch mal zu sagen, was gemacht wird. Und für die Anführer der Gruppe eine Übung, auch mal zu tun, was andere sagen.

Musikanten-Treffen

Alle Musikanten stehen im Kreis. Ein Kind beginnt mit seinem Instrument einen Rhythmus zu spielen, gerade so, wie es ihm in den Sinn kommt. Die anderen hören zuerst zu, und wer meint, bei diesem Spiel mitmachen zu können, der setzt mit seinem Instrument ein. So wird nach und nach die Musik lauter und voller. Den Schlußton zeigt der erste Spieler mit Handzeichen an und bestimmt auch, wer als nächster mit seinem Spiel beginnen darf.

Wir entscheiden gemeinsam

Manchmal sollten alle Kinder ihre Meinung sagen und bei einer wichtigen Entscheidung mit abstimmen. Das ist für viele Kinder eine ungewohnte Sache. Mit diesen Spielformen kann eine gemeinsame Entscheidungsfindung geübt und gelernt werden. Jeder ist gefragt, jeder soll mitmachen und sich äußern.

Meinungsspiel

Ein Redestab wandert von einem Kind zum anderen. Wie der Redestab aussieht, steht auf Seite 86. Jeder ist aufgefordert, etwas zur Sache zu sagen. Wem nun wirklich nichts Neues einfällt, der kann kann ja eine gleiche Meinung oder Aussage mit seinen Worten wiederholen. Hauptsache, jeder hat sich geäußert.
Dieses Meinungsspiel ist anfangs für die Kinder sehr ungewohnt, und sie brauchen ein bißchen Zeit und aufmunternde Blicke von Ihnen, um etwas zu sagen. Aber nach und nach werden die Kinder darin geübter, werden sicher in ihrer Aussage, weil sie spüren, daß ihre Meinung wichtig und gefragt ist. Die Kinder lernen zudem, es auszuhalten, wenn nicht alle Kinder ihrer Meinung sind, und sie werden es auch wagen, etwas zu sagen, was die anderen Kinder überrascht.

Entscheidungsspiel

Bei einem Gruppengespräch gilt es am Ende Entscheidungen zu treffen. Wer stimmt für welche Idee? Das übliche Handzeichengeben verführt manche Kinder, da mitzustimmen, wo die meisten ihre Hand erheben. Wer schafft es schon, bei einer Sache allein die Hand hochzuhalten und von allen anderen angestarrt zu werden? Auch Erwachsene werden in so einer Situation eingeschüchtert.
Deshalb ist dieses Spiel mit Entscheidungspunkten eine prima Sache, und das geht so:
Jedes Kind bekommt ein oder zwei Spielpunkte. Dann wird für jede Sache, über die abgestimmt werden soll, ein symbolisches Bild gemalt oder stellvertretend ein Gegenstand auf den Tisch gestellt. Klar und deutlich wird jedes Bild oder jeder Gegenstand noch einmal erklärt, damit es keine Mißverständnisse gibt.

Dann geht die Wahl los: Jedes Kind entscheidet selbst und schiebt schnell unter das entsprechende Bild oder den Gegenstand seinen Spielpunkt, so daß niemand sehen kann, wieviel Punkte wo liegen. Weil die Kinder zwei Spielpunkte haben, können sie diese entweder an einem Platz oder an zwei verschiedenen Stellen ablegen.
Zum Schluß werden alle Punkte abgezählt, die Entscheidung ist gefallen und für alle Kinder sichtbar: Da liegen die meisten Punkte.

Als Punkte sind Spielmarken, Knöpfe, Perlen, Kieselsteine, Muscheln oder Muggelsteinchen geeignet.

„Nein“ sagen können

Kinder müssen lernen, sich zu wehren, „Nein“ sagen zu können! Dabei ist nicht das Neinsagen der zornigen und wütenden Kinder im Trotzalter gemeint, sondern zum Beispiel ein „Nein“ gegenüber einem Wortführer in der Kindergruppe, der die anderen beherrscht und zu üblen Streichen anstiftet; oder das „Nein“ gegenüber einer Zudringlichkeit eines falschen Freundes, der das Kind zu unangenehmen Dingen zwingt oder ihm sogar Gewalt antut; oder das „Nein“ gegenüber kleinen Erpressungen, die inzwischen auch bei Kindergartenkindern stattfinden, verbunden mit Drohungen, Strafen und Gewalt.

Der Unterschied

Könnte es sein, daß Sie meinen, die Kinder Ihrer Gruppe wären frech und aufmüpfig genug? Und wo würde das hinführen, wenn diese auch noch lernen, ständig nein zu sagen, wenn ihnen mal etwas nicht paßt!
Da gibt es einen Unterschied: Natürlich sollen die Kinder nein sagen, wenn ihnen etwas nicht paßt – und sie sollen es dann erklären. Und dann sind Sie aufgefordert, den Kindern verständlich zu machen, warum das, worauf Sie jetzt bestehen, so wichtig ist. So erfahren die Kinder, daß Ihre Anweisungen nicht willkürlich ausgedacht sind, sondern einen Sinn haben.

Könnte es auch sein, daß Sie es sehr müßig finden und weder Zeit noch Lust dazu haben, den Kindern gegenüber ständig Ihre Anweisungen zu begründen? Wo käme man da hin, wenn immer zuerst alles begründet werden muß, bevor eine gemeinsame Aktion mit den Kindern beginnt?
Auch da gibt es einen Unterschied: Nicht jede Aktion wird von den Kindern nicht verstanden, viele Anregungen und Vorschläge, die Sie machen, werden von Ihrer Kinderschar mit Begeisterung angenommen. Wenn sich dann wirklich ein Kind gegen etwas sträubt, hat es einen Grund. Und den gilt es herauszufinden. Sie können dann Ihren Vorschlag noch besser begründen oder Ihr Vorhaben ausführlicher erklären. Oder wollen Sie, daß die Kinder kleinlaut und unterwürfig werden und aus Angst vor Ihnen kuschen?
Und das ist der Unterschied: Sie nehmen die Kinder ernst und fördern sie in ihrer Selbständigkeit.

Das können Sie tun

- Geben Sie den Kindern bei den Spielen oft die Gelegenheit mitzuentscheiden. Wenn ein Kind plötzlich eine andere Idee hat, die wirklich besser ist, gut, dann übernehmen Sie diesen Vorschlag.
- Überlassen Sie es den Kindern so oft es geht, selbst zu entscheiden, ob sie bei einem Spiel mitmachen wollen oder nicht. Es muß wirklich nicht sein, daß bei einem Spiel immer alle dabei sind. Ist das Spiel spannend, dann kommen die Kinder von alleine.
- Weisen Sie bei den Spielen immer wieder die Kinder darauf hin, daß sie „Halt“ und „Stopp“ rufen können, wenn ihnen an einem Spiel etwas zu blöd vorkommt, siehe z. B. Seite 98, und sie es laut sagen dürfen, was ihnen dabei nicht gefällt.
- Beantworten Sie die Fragen der Kinder ernsthaft, weichen Sie auch unangenehmen Fragen nicht aus. Und geben Sie einfach zu, wenn Sie mal etwas nicht wissen.
- Strafe muß manchmal sein, aber erklären sie dem Kind die Situation, und zwar so lange, bis das Kind den Zusammenhang auch versteht. Aussagen wie „Ich will das so!“ gelten nicht!
- Entschuldigen Sie sich auch beim Kind, wenn von Ihrer Seite aus etwas schiefgelaufen ist.
- Geben Sie den Kindern oft Gelegenheiten, ihre Meinung zu einer Sache zu sagen, siehe Seite 100.
- Machen Sie den Kindern Mut, auch mal eine andere Meinung als die Gruppe zu haben, helfen Sie dem Kind, diese Situation auszuhalten.
- Zeigen Sie den Kindern, daß die meisten Probleme gelöst werden können, wenn man darüber spricht, siehe Seite 36 bis 39 und Seite 96.
- Erzählen Sie den Kindern, daß auch Sie sich immer wieder von anderen Personen Hilfe holen und diese auch brauchen.
- Geben Sie auch Ihre Fehler zu, jeder kann mal etwas falsch machen, da geht die Welt doch nicht unter!
- Weisen Sie die Kinder immer wieder darauf hin, daß man selbst entscheiden kann, ob man ein Geheimnis für sich behält oder einer vertrauten Person anvertraut, siehe Seite 23.
- Lassen Sie die Kinder ihre Streitigkeiten selbst klären, so oft es nur geht.
- Nehmen Sie die Kinder als kleine Persönlichkeiten ernst, lassen Sie sie spüren, daß es Ihnen wichtig ist zu erfahren, was sie denken und meinen. Zeigen Sie dem Kind, daß Sie es mögen und ihm vertrauen.

Diese Ansprüche an Ihr Verhalten als Erzieherin oder Erzieher sind hoch. Es ist anstrengend, nach diesen Grundsätzen einen Alltag in Kindergarten oder Schule zu bewältigen. Andererseits haben Sie einen Auftrag: Das Kind bei seinem Älterwerden zu begleiten, ihm alles zu vermitteln, was es braucht, um eine glückliche, selbständige, tolerante Person inmitten seiner Gruppe zu werden.

Wenn einer von uns krank ist

Krankes Häschen

Shira ist krank, deshalb soll sie wissen, daß die anderen Kinder an sie denken. Das macht sie schon ein bißchen gesünder! Dazu ein paar Ideen:

Einen Brief malen

Wer macht mit? Der kommt zum Maltisch. Da überlegen die Kinder, was sie für Shira malen wollen. Vielleicht das, was sie ihr am liebsten schenken würden: einen Blumenstrauß von der Wiese neben dem Kindergarten, ein Bett voller Kissen, damit sie es schön bequem hat, eine Katze, die sich an sie schmiegt, einen großen Kuchen mit Schlagsahne drauf, ein Kasperle, damit sie bald wieder lachen kann. Die Kinder werden noch viel passendere Krankengeschenke für Shira wissen.
Und Sie schreiben auf die Rückseite des Zeichenblattes, was die Kinder der kranken Shira wünschen und sonst noch sagen wollen.
Alle Blätter werden wie ein kleines Buch zusammengeheftet und per Post an Shira geschickt mit dem Absender: Deine Freunde aus dem Kindergarten!

Eine Hörcassette aufnehmen

Alle Kinder, die mitmachen wollen, versammeln sich um den Cassettenrecorder. Achtung, Aufnahme!
Alle Kinder rufen freudig „Hallo Shira!“ ins Mikrophon. Schnell überprüfen, ob die Aufnahme geklappt hat. Dann geht es weiter: Jedes Kind spricht nun einzeln mit Shira, wünscht ihr alles Gute, daß sie bald wieder gesund werden und in den Kindergarten kommen soll, oder erzählt etwas, vielleicht den Lieblingswitz, oder sagt ein Gedicht auf, singt ein Lied. Jeder, wie er will.
Zum Schluß rufen alle zusammen ein „Auf Wiedersehn!“ – und ab geht die Cassettenpost zu Shira! Die wird sich freuen!

Das Wiedersehen

Shira war lange krank, jetzt ist sie wieder gesund und wird morgen in den Kindergarten kommen. Ihre Mutter sagt, daß sie davor ein bißchen Angst hat. Es ist wie ein neuer Anfang. Das geht vielen Kindern so, die lange Zeit nicht im Kindergarten waren.
Um Shira diesen Neubeginn zu erleichtern, besprechen die Kinder, wie sie Shira willkommen heißen können: mit einer Schatzkiste, siehe Seite 61, oder einem Blumenkranz oder einem gemalten Willkommensposter.
Gibt es etwas Neues im Kindergarten, das Shira unbedingt sehen muß, zum Beispiel das neue Bilderbuch oder die neuen Legespiele? Wer zeigt es ihr? Und wenn Shira noch etwas geschwächt ist von ihrer Krankheit, darf sie jederzeit in die Kuschelecke kommen, die anderen werden ihr Platz machen, na klar!

Neu in der Gruppe

„Bald wird Nina zu uns in die Gruppe kommen!" Die Nachricht von der Neuen macht die Kinder neugierig. Wo kommt sie her, wie alt ist sie, warum kommt sie erst jetzt? Sind alle Fragen beantwortet, sind Sie an der Reihe, den Kindern Fragen zu stellen:
„Wißt ihr noch, wie es war, als ihr neu in den Kindergarten gekommen seid?"
Die Kinder erzählen.
„Wie wird es der Nina jetzt gehen? Sie kennt euch ja noch gar nicht, alles hier ist ihr fremd! Vielleicht hat sie Angst? Vielleicht freut sie sich auch?"
Die Kinder versuchen, sich in die Rolle von Nina hineinzuversetzen.
„Was können wir tun, um der Nina den ersten Tag zu erleichtern und ihr zu helfen?"
Die Kinder überlegen. Nach diesem Gespräch wird ihnen sicher allerhand einfallen, wie sie der Nina bei ihrem ersten Tag beistehen können.

Wenn viele Neue kommen

Etwas anders ist die Situation, wie sie sich jährlich nach den Sommerferien einstellt: Ein Teil der Kindergruppe ist in die Schule gekommen, und die neuen Kleinen werden in den nächsten Tagen anrücken. Auch da ist die Aufregung groß. Doch jetzt brauchen auch die zurückgebliebenen Kinder eine Orientierungshilfe. Die neue Situation macht sie unsicher. Was wird auf sie zukommen, werden sie sich mit den Neuen vertragen? Die Erwartungen und Ängste der Kinder werden miteinander ausgetauscht. Ein Redestab, siehe Seite 86, läßt alle Kinder zu Wort kommen. Wieder gilt es, die Kinder an ihre eigenen Erfahrungen zu erinnern. Denn dann können sie sich leicht vorstellen, wie den neuen Kleinen zumute ist.
Und wie kann man nun den ersten Tag mit ihnen gestalten? Gemeinsam wird ein Kennenlernprogramm zusammengestellt.

Patenschaft

Jeweils ein „altes" Kind übernimmt die Patenschaft eines „neuen". Es wird ihm den Kindergarten zeigen, den Tagesablauf erklären und bei allem behilflich sein. Wie lange? Das bleibt den Kindern überlassen. Geflochtene Freundschaftsbändchen, siehe Seite 32, bringen die beiden Kinder zusammen.

Wir stellen uns vor

Jedes Kind denkt sich eine winzige Kleinigkeit aus, die es dem „Patenkind" oder der Nina schenken möchte, zum Beispiel einen Kieselstein, einen Tannenzapfen, eine selbstgemachte Tonmurmel, eine Perle, einen gefalteten Papierflieger, ein ausgeschnittenes Papierherz.
Es sollten ganz unterschiedliche Dinge sein, deshalb müssen sich die Kinder untereinander absprechen.
Dann wird alles in eine bunt beklebte Kiste gelegt und den neuen Kindern oder Nina überreicht. Vielleicht kann schon beim Morgenkreis die Schatzkiste ausgepackt werden. Einzeln wird ein Gegenstand herausgenommen, hochgehalten und dann erzählt jeder selbst, warum er dieses kleine Geschenk ausgewählt hat.

Den Gruppenraum kennenlernen

Anfangs ist so ein Gruppenraum recht verwirrend, all die vielen Schubladen, Kästen und Kisten. Wie soll man sich da zurechtfinden? Eine gute Idee, wenn die anderen Kinder dabei helfen.
Die Kinder zählen auf, was sie alles zeigen wollen. Dann werden die nächsten Tage eingeteilt in Puppentag, Bautag, Maltag, Musiktag, Waschraumtag, Basteltag, Turntag ..., und schon ist das Vorstellungsprogramm für die nächsten Tage festgelegt.

Wenn ein Kind wegzieht

Miriams Elten ziehen um. Das ist für sie und ihre Freundinnen und Freunde ganz schrecklich! Der Abschiedsschmerz ist groß! Was tun? Da sollten Sie den Kindern ein wenig helfen, über die bevorstehende Trennung hinwegzukommen. Hierzu Möglichkeiten, die Sie mit den Kindern besprechen könnten. Vielleicht regen diese Vorschläge die Kinder zu eigenen Ideen an. Das wäre schön!

Abschiedsgeschenke

Posterbild
Ein großes Bild, selbstgemalt, alle Kinder haben mitgemacht. Dieses Bild kann Miriam dann in ihr neues Kinderzimmer hängen.

Kleiner Garten
Von allen Topfpflanzen, die auf dem Fensterbrett im Kindergarten stehen, bekommt Miriam einen Ableger, siehe Seite 59. Diese werden in einer Blumenschale wie ein kleines Gärtchen eingepflanzt. Da hinein verstecken die Kinder kleine Mäuschen, aus Ton geformt mit rosa Schwänzchen.
Dieses Gärtchen kann Miriam an ihr neues Kinderzimmerfenster stellen.

Kinder-Cassettte
Der Recorder ist zur Aufnahme bereit. Jedes Kind spricht einzeln etwas in das Mikrophon: „Ich bin Nasim und möchte dir viel Glück wünschen“, „Ich bin Sven und singe dir jetzt ein Lied vor.“ Und die Freundinnen können auch einfach miteinander ins Mikrophon kichern, oder die ganze Kinderschar singt und lacht und ruft zum Schluß: „Auf Wiedersehn!“.

Tip: Auch die Ideen auf den Seiten 140 und 141 sind originelle Abschiedsgeschenke!

Ein Fotoalbum
Einen ganzen Tag lang fotografieren Sie im Kindergarten: Was die Kinder spielen, wie sie im Stuhlkreis sitzen, in die Kuschelecke krabbeln, draußen im Sandkasten spielen oder auf dem Klettergerüst zappeln, wie sie sich verkleiden, mit dem Kasperl spielen und Puppengeburtstag feiern. Es gibt so viele typische Szenen. Und mittendrin ist Miriam, denn für sie wird das alles ja gemacht!

Sind die Fotos entwickelt, kleben die Kinder ein Fotoalbum voll und malen dazu noch kleine Bildchen.
Und Sie könnten unter die Fotos kurze Kommentare schreiben, zum Beispiel das, was die Kinder Ihnen diktieren.

Abschiedsfest

Klar gibt es auch ein Abschiedsfest, etwas Besonderes, an das Miriam und ihre Freunde immer denken können.
Die Kinder tragen die Programmpunkte zusammen, lauter Lieblingssachen von Miriam: Lieder, Spiele, Tänze, Essen, Getränke. Auch die Puppen und das Kasperle verabschieden sich von Miriam. Und wenn dann das Kasperle in lautes Heulen ausbricht, dann werden die Kinder lachen und weinen, und die Tränen, die die Kinder hinunterschlukken wollten, können endlich fließen. Weinen gehört dazu.

Abschied der Schulkinder

So oder ähnlich kann auch das Abschiedsfest der Schulkinder gefeiert werden. Auch sie erhalten ein Abschiedsgeschenk von allen anderen Kindern, die noch im Kindergarten bleiben. In einem gemeinsamen Gespräch erinnern sich alle noch einmal, was schön im Kindergarten war!
Und zum Schluß sagen Sie jedem Kind einzeln etwas Schönes, Besonderes, was Ihnen an dem Kind so gut gefallen hat.

Abschiedslied

Text und Melodie: Gerhard Schöne

(Nur letzte Strophe)

Du mußt geh'n,
und ich muß geh'n.
Bleib gesund!
Auf Wiederseh'n!
Es ist schade,
jammerschade,
denn ich mag ja
dich gerade!

Du mußt geh'n,
und ich muß geh'n,
möchte dich
bald wiederseh'n.
Du mußt wissen,
endlich wissen,
ich werde dich
so sehr vermissen.

Du mußt geh'n,
und ich muß geh'n,
und wenn wir
uns wiederseh'n …

… werde ich winken,
fröhlich winken,
und dir in die
Arme sinken!

Du mußt geh'n,
und ich muß geh'n,
Kopf hoch und
Auf Wiederseh'n!

4. Kapitel

Die Rasselbande

Wir sind Freunde

Da kommt sie angestürmt, die kleine Rasselbande, größere und kleinere, ältere und jüngere Kinder, Mädchen und Jungen, und sie alle gehören zusammen. Man merkt ihnen an, wie gut sie sich fühlen, wie stark sie sind, nichts kann sie erschüttern. Toll!
Das ist Ihre Kindergruppe! Gratuliere!

Das ist Ihre Aufgabe

Jeder, der mit Kindern zusammen ist, weiß, daß so ein starkes Gruppengefühl nicht von alleine kommt. Da braucht es viele gemeinsame Erlebnisse, Spiele und auch Gespräche, bis die Gruppe so zusammengewachsen ist. Und da gibt es für Sie viel zu tun, zu überlegen, zu bedenken, zu planen und vorzubereiten. Es kommt dabei auch auf den Freiraum an, den Sie den Kindern gewähren, die Selbständigkeit, zu der Sie die Kinder aufmuntern, das Vertrauen, das Sie den Kindern geben, das Mitspracherecht, das Sie den Kindern einräumen.
In diesem Kapitel sind viele Aktivitäten beschrieben, bei denen die Kinder all das erfahren und erproben können, was sie zu einer selbständigen, starken Gruppe macht. Es sind einzelne Überraschungsstunden, ganze Erlebnistage und große Abenteuerspiele.

Erkennungszeichen

Die Bande rennt um die Ecke, und jeder kann von weitem sehen, daß die Kinder zusammengehören, denn sie tragen alle die gleichen T-Shirts. Das gefällt den Kindern. Jeder soll es sehen. Sie sind stolz darauf, daß sie dazugehören.

T-Shirt
Ein weißes T-Shirt wird mit gleichen Zeichen oder Bildmotiven bemalt. Das können die Kinder mit Stoffmalfarbe selbst malen oder mit Hilfe einer Schablone aufdrucken.

Halstuch
Das kann auch ein bemaltes oder bedrucktes Taschentuch sein. Oder die Kinder schneiden aus einem Stoff mit auffälligem Muster ihre Schals oder Halstücher mit der Zickzackschere aus, so daß man nicht säumen muß.

Amulett
Die Kinder schneiden aus Stoff oder Lederresten kleine Kreise aus, nähen mit groben Stichen am Rand entlang einen Faden ein, ziehen den Faden zusammen – und schon haben sie einen kleinen Beutel, den sie sich an einer Lederschnur um den Hals hängen können. Und im Beutel wird etwas Besonderes versteckt. Was? Nun, das ist das Gruppengeheimnis, das geht Sie nichts an!
Auch Freundschaftsbändchen können Erkennungszeichen sein, siehe dazu Seite 32.

Begrüßungszeichen

Wie wäre es, wenn die Kinder sich auch ein Begrüßungszeichen ausdenken, etwas, das sie immer zu Beginn ihrer Abenteuerspiele machen und das auch die Kleinen können, zum Beispiel dies:

Handschlag
Alle, die mitmachen, patschen ihre Hände gegeneinander, jeder mit jedem, keiner wird ausgelassen.

Geheimwort
Alle Kinder, die mitmachen, stehen dicht beieinander im Kreis und legen sich die Arme um die Schultern. Dann beugen sich alle zusammen vor und rufen ein Phantasiewort, ein Gruppenwort oder Geheimwort, wie zum Beispiel: AKISIDA, und das sind die Anfangsbuchstaben von: Alle Kinder sind da! Klar, daß sich die Kinder etwas Eigenes ausdenken werden!

Zeichensprache
Hand kurz erheben heißt: Alles klar!
In die Hände klatschen heißt: Aufgepaßt!
Zeigefinger hochstrecken heißt: Schau dich um!
Das sind natürlich nur Beispiele, denn ihre Zeichensprache wollen die Kinder sich selbst ausdenken, je nachdem, was sie sich mitzuteilen haben.

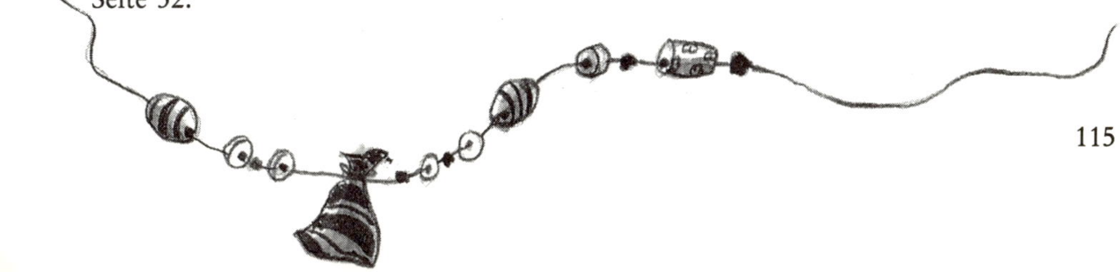

Wir sind die Rasselbande

Text und Melodie: Gerhard Schöne

Klopf klopf!
Plitsch platsch!
Klingeling!
Poch poch!
Wer kommt durch alle Türen, und
wer kriecht durchs Schlüsselloch?
Die Assel-Tante? Nö!
Die Quassel-Tante? Nö!
Wir sind es nämlich selbst,
die tolle Rasselbande … Yeah!!!

Wir sind die Rasselbande.
Immer-immerfort
werden wir Freunde bleiben.
Ehrenwort!
Sogar die Räuber flüchten
ohne eine Mark.
Weil wir zusammenhalten,
sind wir stark!

Klopf klopf!
Plitsch platsch!
Klingeling!
Poch poch!
Wer kommt durch alle Türen, und
wer kriecht durchs Schlüsselloch?
Die Assel-Tante? Nö!
Die Quassel-Tante? Nö!
Wir sind es nämlich selbst,
die tolle Rasselbande … Yeah!

Wir sind die Rasselbande,
schlau wie Robin Hood.
Wir können brüll'n und toben.
Wir sind gut!
Wir lieben Abenteuer
oder machen Quatsch.
Wir sind die Rasselbande.
Ufff!!! Plitsch!!! Platsch!!!

(gesungen:)

Der Club der Detektive

Mit geheimnisvoller Miene wandert eine Kinderschar durch den Kindergarten und schaut in alle Ecken und Nischen. Es ist der Club der Detektive. Sie sind wieder mal einem Schatz hinterher.
Den haben Sie versteckt. Viele Zettel führen auf die richtige Spur. Bei Ihren Spielvorbereitungen sollte Ihnen eine Kollegin helfen, damit die Kinder nicht merken, was Sie im Schilde führen.
Die Stationen könnten zum Beispiel sein:

Die heiße Spur

1. Station
Mit überlautstarkem Gejaule geht im Nebenzimmer der Cassettenrecorder los. Zuerst ist fetzige Musik zu hören, dann lacht eine tiefe Räuberstimme und verkündet triumphierend, daß der Schatz im Kindergarten versteckt ist, aber niemand ihn finden wird, hohoho! Wer es nicht recht verstanden hat, kann das Band ja nochmals zurückspulen.
Die Räuberstimme sind natürlich Sie, mit einem Plastikeimer über dem Kopf klingt die Stimme total verzerrt und geheimnisvoll. So haben Sie die Aufnahme gemacht.

2. Station
Eine ganz dünne Sandspur führt hinaus in den Garten und um die Ecke, da steht ein kleiner Sandsack, er hat ein Loch, durch das der Sand herausrieseln konnte. Was tun mit dem neuen Fund? Natürlich nachschauen, ob etwas in dem Sack zu finden ist. Ja, da ist eine kleine Schachtel versteckt. Darin liegt ein Zettel mit einem Blatt. Das bedeutet, an dem Busch mit diesen Blättern findet man eine neue Nachricht. Aber das müssen die Kinder selbst herausfinden. Sie ziehen los, suchen und vergleichen die Blätter der Büsche im Garten.

3. Station
In diesem Busch ist um einen Ast ein braunes Papier gewickelt, auf den ersten Blick kaum zu sehen. Auf diesem Papier ist ein Plan: Das Klettergerüst ist aufgemalt und die Stelle markiert, wo etwas im Boden vergraben ist. Eine gemalte Schaufel zeigt, daß man wirklich graben muß.

4. Station
In der Erde versteckt liegt ein zusammengerollter Lederlappen. Er enthält eine Zeichnung: Wasser.
Was soll das? Keine Ahnung! Also überall nachschauen, wo Wasser ist oder fließt. Wer etwas findet, ruft die anderen herbei. Ja, im Waschraum in einem Waschbecken schwimmt eine Flaschenpost. Schnell Deckel aufmachen und reinschauen. Ein Bauklotz ist drin versteckt. Das heißt: Ab zur Bauecke und weitersuchen.

5. Station
In der Bauecke hockt zwischen den Klötzen versteckt das Krokodil vom Kasperltheater. Ob das etwas zu bedeuten hat? Nachschauen!

6. Station
In der Kiste des Kasperltheaters sitzt diesmal nur der Räuber und hat einen Sack mit Schokoladen-Golddukaten in der Hand! Der Schatz ist gefunden, und die Goldstücke werden als Belohnung an die Detektive verteilt.

Und wann wird der Club der Detektive wieder zusammengetrommelt? Nun – man wird sehen! Vielleicht schon nächste Woche, vielleicht aber erst nächsten Monat?

Bastelsachen für Detektive

Ausweis
Ein Stück Karton in Postkartengröße wird in der Mitte gefaltet, das ist der Ausweis. Die Kinder malen oder kleben ein Bild oder Foto von sich hinein und schreiben ihren Namen dazu. Auf die Vorderseite wird das Zeichen des Clubs der Detektive mit einem selbstgemachten Moosgummistempel aufgedrückt.

Mütze
Am besten ist eine Schildmütze: Man braucht dazu einen Pappstreifen, etwa 3 cm breit und so lang, daß man ihn zusammenkleben und aufsetzen kann. Dann einen Sonnenschild ausschneiden und an den Pappring kleben oder takkern. Jetzt mit Stoff den Schild bekleben. Dann einen Stoffkreis mit dem Durchmesser von ca. 30 cm ausschneiden, als Kappe über den Pappring streifen und auch festkleben.

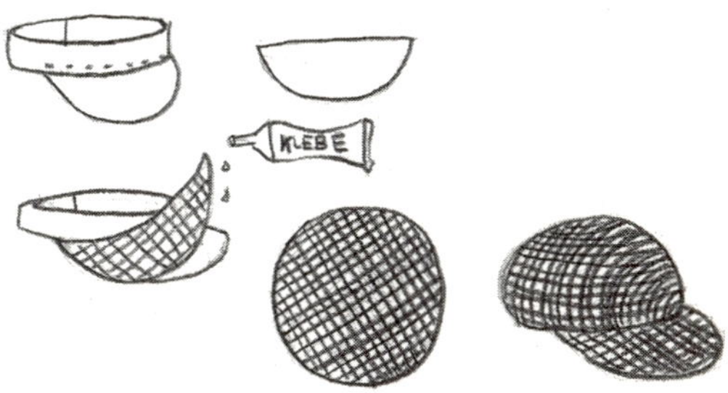

Was braucht man noch? Das denken sich die Detektive selbst aus. Bei jedem Spiel wird ihnen etwas Neues dazu einfallen, was sie unbedingt basteln wollen: Ein Maßband, einen Notizblock, eine Umhängetasche …

Im Zwergenland

Das ist ein Spieltag für die Jüngeren. Und was machen die Großen in der Zwischenzeit? Nun, die könnten zum Beispiel beim Basteln und Aufbauen helfen und im Bastelraum heimlich alles vorbereiten.

Das Zwergenreich

Der ganze Gruppenraum wird in ein Zwergenland verwandelt. Schon der Eingang ins Zwergenreich ist so klein geworden, daß man auf allen vieren hineinkrabbeln muß. Oben am Türpfosten hängt ein Tuch herab, darauf ist mit Plakafarbe und dicken Pinseln eine Berglandschaft gemalt. Und unten an der Türe ist der Krabbeltunnel aufgestellt, das ist ein großer Verpackungskarton, außen ist auch er wie eine Berglandschaft angestrichen.
Auch im Gruppenraum sieht vieles anders aus, über den Schränken und Regalen hängen Tücher. Der Raum ist etwas verdunkelt und leise Meditationsmusik zu hören, das macht alles so schön geheimnisvoll.
Außen am Eingang steht ein Basteltisch. Denn wer das Zwergenreich betritt, muß eine Zwergenmütze haben, damit er als Zwerg erkannt wird. Die Mütze kann jeder gleich selbst basteln.

Zwergenmützen

Das ist eine Zipfelmütze, aus Stoff zugeschnitten und die Nähte einfach zusammengeklebt. Mit einem Gummiband kann man die Mütze festbinden.

Zwergennamen

Die Zwerge mit den Zwergenmützen brauchen natürlich auch eigene Zwergennamen. Da heißt dann der kleine Jacob „Jaco“, die Jessica „Jessi“, der Rafael „Rafa“ und der Leo „Lo“.

Zwergenausweis

An einem anderen Tisch ist das Anmeldebüro fürs Zwergenland. Wer dort ankommt, muß sich melden und erhält einen Zwergenausweis. Das ist eine kleine Karte, die an einer roten Schnur baumelt. Auf diese Karte malt jeder Zwerg sein Zwergengesicht mit Zipfelmütze, dann drückt er seinen Daumen zuerst in Stempelfarbe und dann auf die Ausweiskarte. Vielleicht sitzt im Zwergenbüro jemand, der schreiben kann und die Ausweise mit den neuen Zwergennamen versieht.

Das alles ist für die kleineren Kinder schon sehr aufregend, und sie brauchen viel Zeit dafür, diese Zwergen-Verwandlung auszukosten. Die haben sie auch, denn das Spiel dauert den ganzen Tag.

Zwergenspiele

Zwergenpuppen
Zwerge spielen gern mit Puppen und Bären, aber nur, wenn diese auch Zwergenmützen tragen. Aus Buntpapier sind sie schnell gefaltet.

Zwergenrestaurant
Zwerge essen am liebsten aus Puppengeschirr. In einer Ecke ist ein Zwergenrestaurant eingerichtet. Es sind nicht genügend Plätze für alle da, erst, wenn die einen gehen, können die nächsten Platz nehmen. Jetzt geht das Essen ein bißchen langsamer, eben im Zwergentempo. Dieses Restaurant könnte von den großen Kinder betreut werden.

Zwergengeschichten
Zwerge hören am liebsten Zwergengeschichten, und da gibt es viele! Die Kuschelecke ist eine Zwergenhöhle geworden, eine Glocke am Eingang bimmelt laut, wenn wieder eine neue Geschichte vorgelesen oder erzählt wird.

Zwergenlandschaft
Mit Bauklötzen und anderen Spielsachen bauen die Zwerge ihre Zwergenlandschaft auf. Autos gibt es keine, aber viele Wege, Stege und Brücken, Tannenzapfenbäume und Mooswiesen. Holzreste und Naturmaterial sind die besten Materialien dafür. Die Zwergenlandschaft kann auf einem Tisch oder großen Holzbrett aufgebaut werden.
Und wenn am anderen Tag das Zwergenland wieder verschwunden ist, dann bleibt diese Landschaft noch ein Weilchen stehen, als Erinnerung.

Alles verkehrt herum

Was für ein lustiger Tag ist das heute! Das fängt schon gut an: Sie begrüßen alle mit der linken Hand und sagen zu den Kindern verdrehte Namen, Julia wird zum Beispiel Jaliu, und Daniel heißt Denial. Mit einem verschmitzten Augenzwinkern werden Sie die Kinder schnell für dieses verrückte Spiel gewinnen. Bei der Besprechung am Vormittag wird die verdrehte Welt angekündigt. Wer mitmachen will, der wird gleich ein herrliches Durcheinander erleben. Und wen das alles verunsichert, der kann schnell zur anderen Gruppe im Raum nebenan flüchten. Die Kollegin weiß Bescheid und wird die Kinder herzlich begrüßen. Und die anderen Kinder erleben zwei turbulente Stunden, von denen sie noch lange erzählen werden.

So verrückt geht es zu

Die Jacken und Hosen werden verkehrt herum angezogen. Tische und Stühle werden umgedreht, und man nimmt zwischen den vier Stuhlbeinen Platz. Das Bilderbuch wird von hinten nach vorne geblättert und erzählt. Beim Malen werden die Buntstifte in der linken Hand gehalten. Ja, so geht es auch! Die Autos fahren kopfüber, was denn sonst! In jedem gesprochenen Satz ist ein verdrehtes Wort.

Die Fitzli-Fatzli-Geschichte

Das ist eine Lügengeschichte, bei der sich die Balken biegen! Und das Spiel dazu geht so:
Sie erzählen den Kindern eine Geschichte und jedesmal, wenn etwas nicht sein kann, rufen die Kinder laut „Fitzli-Fatzli!“. Dann erzählt ein Kind, was falsch ist. Die Geschichte kann eine Alltagsgeschichte sein, spontan ausgedacht. Die kichernde Zuhörerschar wird Sie sicher in beste Erzähllaune bringen und zu den verrücktesten Ideen anspornen. Ihre Geschichte könnte zum Beispiel so beginnen:

Verdrehte Welt

„Heute morgen ging ich in den Kindergarten, wie an jedem Weihnachtstag (Fitzli-Fatzli … am Weihnachtstag geht niemand in den Kindergarten!), also wie an jedem Tag, und nichts Besonderes ist passiert. Ich flog über die Straßen (Fitzli-Fatzli … Sie können doch nicht fliegen!), also ich ging die Straße entlang und schaute die Häuser am Himmel an (Fitzli-Fatzli …), schaute die Wolken am Himmel an. Ob es heute regnen wird? Da fielen auch schon die ersten Sonnenscheintropfen (Fitzli-Fatzli …). Doch das machte mir gar nichts aus, ich setzte einfach meinen Blumentopf auf (Fitzli-Fatzli …), meinen Hut auf und ging weiter. Schließlich kam ich zum Kindergarten, schloß die Türe mit meinem Kaugummi auf (Fitzli-Fatzli …), mit meinem Schlüssel auf und ging hinein …"
Und was jetzt alles noch passiert, das wird Ihnen bestimmt gleich einfallen.
Weil diese Geschichte so einfach ist, werden die Kinder bald ihre eigene Fitzli-Fatzli-Geschichte erzählen. Das gibt einen Spaß!

Mit dem Gongschlag

… wird alles wieder normal! Diese Zäsur muß lautstark von allen Kindern gehört werden, damit sie deutlich erkennen: Jetzt ist das Phantasiespiel zu Ende. Schnell die Jacken, Hosen und Schuhe richtig anziehen und die Stühle und Tische aufstellen – und alles ist wieder normal. Aber bestimmt wollen die Kinder bald wieder so eine verrückte Zeit erleben! Machen Sie mit? Na klar!

Kindergarten-Rallye

Ob es nun Schnitzeljagd oder Rallye heißt, das ist egal, die Spielregeln können die gleichen sein. Sei es, daß einzelne kleine Papierfetzelchen den Weg zeigen oder sonst ein markierter Weg durch das Gelände führt oder Spielpläne oder Rallyekarten auf die verschiedenen Spielstationen hinweisen.
So eine Rallye im Kindergarten kann unter verschiedenen Gesichtspunkten geplant werden:

- für die neuen Kinder in der Gruppe, um den Kindergarten mal rundum auskundschaften zu können;
- eine Gruppe lädt eine andere zu einem Rallye-Spielnachmittag ein, damit sich alle Kinder besser kennenlernen;
- für die Eltern beim Elternabend oder Kinderfest, um mal die Spielecken und Spiele selbst kennenzulernen;
- für die Rasselbande, um mal wieder gemeinsam einen tollen Erlebnistag zu haben.

Eines aber ist bei allen gleich: Es geht nicht um die schnellste Zeit, sondern darum, ob man die Aufgabe gut erfüllt hat. Jeweils nach fünf Minuten kündigt ein lauter Gongschlag an, daß alle Gruppen zur nächsten Station wechseln müssen. Schnell noch einen Stationsstempel auf die Rallyekarte und weiter geht's. Der Stempel ist selbstgebastelt aus Flaschenkorken, das Stempelkissen aus Schaumstoff, mit Fingerfarbe bestrichen.

Die Vorbereitung

Gruppenzuteilung
Jeder, der mitspielen möchte, bekommt eine Spielkarte ausgehändigt. Wichtig ist die Zusammenstellung der Spielgruppen, da können zum Beispiel Kleine und Große zusammen losziehen, man kann auch Gleichaltrige in Gruppen aufteilen, oder die Gruppen finden sich durch Zufall zusammen, zum Beispiel per Los, mit gleichen Zeichen oder Farbpunkten auf der Spielkarte.

Gruppengröße
Als Gruppengröße sind vier Kinder ideal. Ebenso erprobt ist folgende Spielorganisation: Jede Gruppe wird zu Beginn jeweils zu einer anderen Station geführt, so daß alle gleichzeitig loslegen können.

Stationshelfer
An jeder Station sollte möglichst ein Helfer sein. Er paßt auf oder erklärt das Spiel und stempelt am Schluß die Rallyekarten. Für diese Aufgaben melden sich gerne die älteren Kinder; sie genießen die Rolle, als Helfer das Spiel der anderen zu beobachten.
Wenn die Kinder schon öfter mal ein Rallyespiel erlebt haben, dann braucht man keine Helfer mehr, jeder kann seine Spielkarte auch selbst stempeln. Allerdings sollten am Anfang alle Spiele bei einem gemeinsamen Rundgang erklärt werden.

Ein Rallyeprogramm

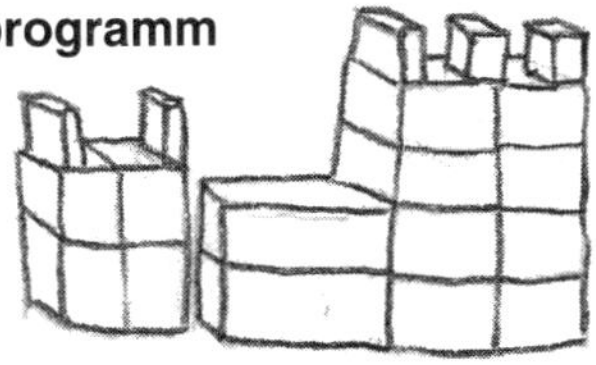

Bauecke
Jeder nimmt zehn Bauklötze aus der Kiste, und alle bauen miteinander eine Burg. Die nächsten Gruppen müssen diesen Burgbau erweitern.

Puppenecke
Jede Gruppe nimmt ein Puppenkind aus dem Bett, zieht es hübsch an und gibt ihm etwas zum Spielen in die Hand.

Maltisch
Alle zusammen malen ein Bild, nach den Spielregeln des Malspiels von Seite 42.

Basteltisch
Knete, Perlen, Kronkorken, Moosgummi, Kartons, Papiere, Naturmaterial, Perlen und sonstiger Bastelkrimskrams liegen auf dem Basteltisch bereit, auch Scheren und Klebstoff. Gebastelt werden könnte ein Dinosaurier oder ein Roboter, eine Zwergenhöhle oder ein Märchenschloß. Die erste Gruppe beginnt das Kunstwerk, und die anderen Gruppen bauen dann einfach weiter.

Legespiel-Tisch
Verschiedene Legespielteilchen liegen sortiert in Körben. Jede Gruppe sucht sich einen Korb aus und versucht, zusammen ein schönes Bild, ein Muster oder ein Mandala, siehe Seite 53, zu legen.

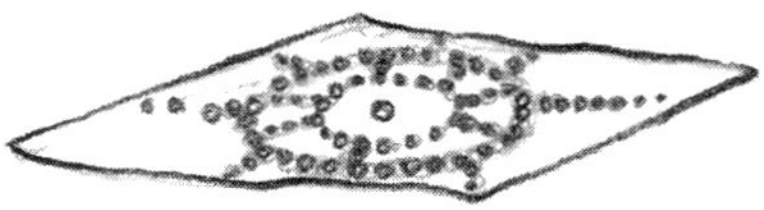

Musikecke
Musikinstrumente aller Art liegen bereit. Zuerst probieren alle die Instrumente aus, dann wählt jeder eines, und die Gruppe versucht, gemeinsam ein Rhythmusspiel zu improvisieren.

Im Kinder-Restaurant

Heute speisen die Kinder wie feine Herrschaften, aber morgen wollen sie die wilden Räuber sein. Ein Picknick wäre auch nicht schlecht. Oder darf es lieber eine Einladung in die Hexenküche, ins Königsschloß oder zu Pippi Langstrumpf sein? Auch bei den Zwergen geht es putzig-lustig zu, siehe Seite 120.

Ja, im Kinder-Restaurant gibt es immer wieder etwas Neues!

Mit diesen Spielen macht das Essen doppelt Spaß. Da schmeckt sogar das mitgebrachte Käsebrot wieder viel besser. Die Kinder werden auch nicht unlustig in ihrem Essen herumstochern.

Wenn Ihnen die Ideen gefallen, dann könnten Sie mit den Kindern mal eine ganze Woche Kinder-Restaurant spielen und für jeden Tag etwas anderes ausdenken.

Die Vorbereitungen

Sind sich die Kinder einig, welches Restaurant sie heute spielen wollen, dann kann es mit den Vorbereitungen losgehen. Zuerst wird besprochen, wie der Tisch heute gedeckt werden soll und was man alles dazu braucht. Vielleicht müssen Sie mit einer Zeichnung erklären, wie und wo Teller, Gläser und das Besteck auf dem Tisch gedeckt werden. Dann werden die Aufgaben verteilt, und jeder hat etwas zu tun. So wird der Gruppenraum blitzschnell in das neue Kinder-Restaurant verwandelt. Zum Schluß werden die besonderen Rollen verteilt, für jeden Tisch extra:

Wer ist der Ober und bittet seine Gäste zu Tisch, wer schenkt die Getränke ein, wer ist der Koch und bringt die Speisen an den Tisch, wer teilt die Speisen aus, wer trägt zum Schluß das Geschirr weg, und wer putzt den Tisch ab? Jeder hat eine Aufgabe.

Wie feine Herren und Damen

Schon der Tisch ist fein gedeckt, mit weißen Tischtüchern, das sind ausgediente Laken, auf Tischgröße zurechtgeschnitten, mit Blumenschmuck und gefalteten Servietten. Teller, Gläser und Besteck sind fein säuberlich angeordnet. Auch die Gäste haben sich hübsch gemacht, die Hände duften nach feiner Seife, die Wuschelköpfe sind gekämmt. Mit hochmütiger Miene, vornehmen Gebärden und übertrieben feinen Tischmanieren wird heute gespeist. Kichern ist erlaubt. Laut reden und niesen und schmatzen ist verboten!

Picknick

Die Tische sind weggeräumt, bunte Tischdecken liegen auf dem Boden. Jede Gruppe bekommt ihr Geschirr und Besteck in einem Korb überreicht. Dann wandern die Kinder singend durch den Raum. Ist das Lied zu Ende, verteilen sie sich an die Tischtuchplätze und lassen sich nieder. Vielleicht geht jetzt der Wurst-Jacob herum und gibt jedem eine Wurst, auch Brot, Salat, Sprudel und die Äpfel zum Nachtisch müssen verteilt werden. Und zum Schluß kommen Sie als Eisverkäuferin dazu? Das gibt eine Überraschung!

Wie Räuber im Waldhaus

Heute ist alles anders, Teller, Besteck und Gläser liegen auf dem Tisch herum, jeder grapscht sich sein Gedeck selbst. Alle hängen über der Tischkante und dürfen essen, wie sie wollen. Händewaschen? Nun ja, das jedenfalls machen auch die Räuber! Aber die Haare können verstrubbelt bleiben.

Krabbel-Kraxel-Tour

Ist die Rasselbande mal wieder nicht zu bändigen, sind die Kinder wild, aggressiv, drehen fast durch? Dann heißt es nichts wie hinaus in den Garten! Da gibt es Platz zum Rennen und Toben. Die einzige Regel: Schön der Reihe nach und nicht drängeln! Mit wenigen Vorbereitungen ist der Sport-Parcours durch den Garten fertiggestellt. Klar, daß die Kinder beim Aufbau helfen, jeder bekommt eine Aufgabe, so geht es am schnellsten!

Die Rennstrecke

Sie gehen zuerst mit den Kindern die Rennstrecke durch den Garten ab. Eingang und Ziel sind derselbe Punkt. Der Weg führt über Stock und Stein, mit großem Sprung in den Sandkasten, mit Eile die Klettertreppe hinauf, mit Schwung die Rutschbahn hinunter. Gymnastikreifen werden verteilt, in die muß man hineinhopsen. Vielleicht haben Sie auch einen Krabbeltunnel und ein Trampolin? Schnell holen lassen, alles kann man gebrauchen! Die Laufbahn führt um Bäume, Büsche und Bänke. Je mehr es zum Klettern, Steigen, Springen, Hüpfen, Kriechen, Krabbeln und Kraxeln gibt, desto besser.
Schauen Sie mit den Kindern das Gartengelände an, die werden Sie bestens beraten, denn das Spielgelände kennen die wie ihre eigene Westentasche.

Vorbereitungen

Strecke kennzeichnen
Jetzt werden bunte Fähnchen geholt und damit der Streckenverlauf gekennzeichnet. Die Fähnchen werden einfach auf den Boden gelegt. Die Kinder haben sie aus Stoffresten ausgeschnitten.

Strecke freiräumen
Ist alles aus dem Weg geräumt? Liegt nichts mehr herum, auf das man treten und worauf man ausrutschen könnte, auch im Sandkasten nicht? Das muß von den Kindern extra überprüft werden.

Startnummern ausgeben

Dazu eine Idee: Ein Stoff oder Laken wird in taschentuchgroße Teile zerschnitten; immer zwei Teile werden mit Bändern versehen. Darauf werden mit dickem Filzstift Startnummern in fortlaufender Reihe geschrieben, jeweils zwei Teile mit derselben Nummer. Nun werden die beiden gleichen Nummernschilder an den Bändern so zusammengeknüpft, daß die Kinder sie umhängen können.

Am besten verteilen Sie selbst die Nummern und achten ein bißchen darauf, daß die wilden Großen zuerst starten können.

Auf die Plätze, fertig, los!

Einer nach dem anderen rennt los. Ein aufmunternder Klaps auf die Schulter ist das Startzeichen. Die Kinder können rennen oder rasen, wie sie wollen, dürfen sich aber nicht vordrängeln. Deshalb gibt es ja die Startnummern, in dieser Reihenfolge müssen die Kinder also auch wieder ankommen, eine gute Kontrolle! Wer zweimal oder öfter starten will, stellt sich einfach wieder hinten an. Wer mal alleine ganz schnell durchrasen will, bitte sehr, das geht auch, aber erst später, wenn alle schon mal eine Runde hinter sich haben.

Die Clowns sind da!

Was ist heute nur los mit den Kindern? Sie zappeln und kaspern herum, können nicht ruhig sitzen bleiben, rennen von einer Spielecke in die andere, streiten und balgen sich herum, sind laut, und nichts paßt ihnen! Wäre jetzt eine Stille-Übung sinnvoll oder ein Meditationsspiel oder vielleicht besser ein Wettrennen oder Froschhüpfen draußen im Garten? Hier eine ganz andere Idee: Bei so einer unruhigen Zappelei sind die Clownspiele gerade richtig. Jetzt müssen Sie nicht mehr die Unruhegeister zur Ruhe mahnen, sondern geben den Kindern die Manege frei für Spiele, bei denen sie zappeln und kaspern, hüpfen und purzeln können.

Hallo, Clown!

Die Wuschelhaare werden noch strubbliger gekämmt oder bekommen bunte Zöpfe und Maschen, die Wangen werden mit Schminkfarbe rot angemalt, dann gibt es noch die rote Pappnase – und fertig ist der kleine Clown.

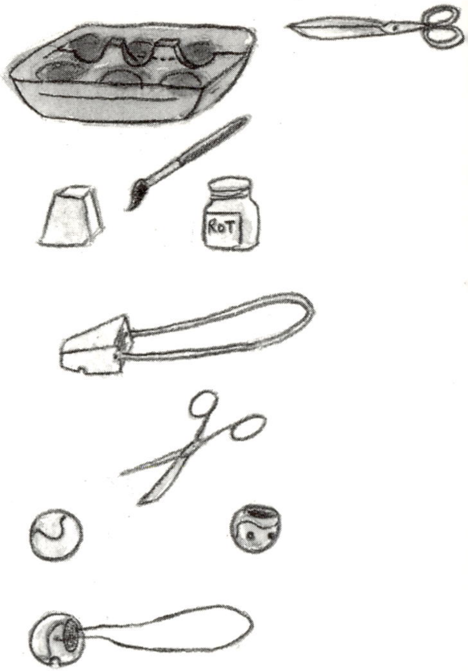

Pappnasen

Die können die Kinder selbst basteln, aus kleinen Pappschächtelchen, roten Gummibällen oder Eierkartons, genauer gesagt, aus den hochstehenden Teilen der Eierkartons, die werden einfach abgeschnitten. Schachtel oder Eierkarton streichen die Kinder rot an. Mit einem Gummiband hält die Pappnase bestens. Sinnvoll ist, unten in die Clownnase noch eine Kerbe als Luftloch hineinzuschneiden.

Clown-Gelächter

Da stehen sie, die kleinen Clowns, grinsen übers ganze Gesicht und sind bereit, allerlei Unfug und Quatsch zu machen. Bitte sehr, da machen Sie gleich mit!
Mit lautem Hahaha und Hohoho beginnt das große Gelächter. Fangen Sie einfach an. Die Kinder werden gleich quietschvergnügt miteinstimmen. Und bald kugeln sich viele Clowns auf dem Boden vor Lachen, halten sich den Bauch, kringeln sich, und Clown-Lachtränen kullern über die roten Wangen. Wer kann aufhören? Keiner! Einer steckt den anderen wieder an. Das dauert eine ganze Weile, bis solche Clowns fertig gelacht haben. Und erschöpft, aber überglücklich lassen sie sich zu Boden plumpsen, um auszuruhen!

Clownspiele

Tanz
Heitere Hüpfmusik lädt ein zum Tanzen. Das lassen sich die Clowns nicht zweimal sagen! Und Sie sind mitten dabei. Mit einem witzigen Watschelgang beginnen Sie den Tanz. Das steckt die Kinder an, und jeder wird versuchen, auch komisch zu gehen und zu tanzen.

Pantomime
Rate mal, was ich mache! Mit dieser Aufforderung tun Sie so, als würden Sie mit langer Zunge ein Eis schlecken. Als Clown gelingt einem das besonders gut. Wer es erraten hat, ist als nächster dran, spricht sich kurz mit Ihnen ab und spielt etwas vor. Vielleicht mit dem Hund Gassi gehen oder einen Luftballon aufblasen. Jeder ist mal dran und denkt sich eine lustige Clown-Ratenummer aus.

Der Clown-Zirkus
Und wenn diese Pantomimespiele gut gelingen, dann könnte man sie ja den Kindern im Gruppenraum nebenan vorspielen. Mit Trichtertrompeten, Tannenzapfenrätschen und Pappschachteltrommeln ziehen die Clowns los und laden zur Zirkusvorstellung ein.

Märchenstunde

Immer wenn eine bestimmte schöne Musik zu hören ist, wissen die Kinder, jetzt geht es gleich los, und sie beeilen sich, ihre Spiele soweit zu Ende zu bringen, daß sie eine Pause einlegen und das eine oder andere Spielzeug auch wegräumen können. Bald wird die Märchenstunde beginnen! Darauf freuen sich die Kinder. Diese Erzählstunde ist für sie wie ein kleines Fest mitten am Tag. Alles ist so stimmungsvoll, so schön, so gemütlich. Diese Erwartung beeinflußt das weitere Verhalten der Kinder auf wunderbare Weise: Der Streit in der Puppenecke hört auf, die Balgerei um das Bilderbuch ist beendet, die Kinder haben jetzt Besseres zu tun. Sie holen ihre Sitzkissen und plazieren sich um den Märchenstuhl. Da bimmelt auch schon das Silberglöckchen und kündigt den Beginn der Lesestunde an. Schnell flitzen noch die letzten Nachzügler herbei. Dann kehrt Ruhe ein. Und jetzt erst kommen Sie mit dem dicken Buch unter dem Arm zum Märchenstuhl, setzen sich betont langsam, schlagen mit gewichtiger Miene das Buch auf und schauen mit dem Blick einer Märchenerzählerin, die geheimnisvolle Dinge zu berichten weiß, alle Kinder einzeln an. So ist es immer. Und atemlos verfolgen die Kinder Ihre Bewegungen und scheinen wie in Bann gezogen zu sein. Die beste Voraussetzung für eine spannende Märchenstunde!

Märchenzauber

Was ist es, das die Kinder so fasziniert, obgleich noch gar nichts vorgelesen wurde? Es ist das immer wiederkehrende Ritual. Dieses gibt den Kindern die Möglichkeit und die Zeit, sich von ihrer Spielwelt zu lösen und sich auf die bevorstehende Märchenstunde einzustellen. Die Musik, das Glöckchenbimmeln und der Märchenstuhl tragen auch dazu bei, daß die Kinder in die richtige Stimmung kommen. Kinder brauchen eben Rituale, siehe Seite 78.

Märchenstuhl

Geheimnisvoll soll er aussehen, aber keine aufdringlichen Farben haben. Das kann ein alter Lehnstuhl sein mit einem nachtblau schimmernden Stoffüberwurf, mit aufgeklebten, goldglitzernden Sternen. Auch ein alter Stuhl, blau gestrichen und mit Sternen und Regenbogen verziert, kann in einen Märchenstuhl verwandelt werden.
Vielleicht sitzen Sie lieber auf dem Boden, mitten zwischen den Kindern? Dann könnte ein großes, dickes Kissen diesen Zweck erfüllen. Mit goldglänzenden Bordüren, bunten Glasperlen und glitzernden Sternenpailletten verziert wird es zum schönsten Paradekissen.

Und wie die Kinder ihre eigenen Sitzkissen machen, das steht in Band 1: „Ich“ auf Seite 107.

Märchenmusik

Als Musik eignen sich klassische Musik oder ruhige Meditationsmusik. Als Erkennungsmelodie wird immer dasselbe Stück vorgespielt. Es ersetzt auf stimmungsvolle, sanfte Weise den lauten Ruf „Kinder aufräumen!“ oder „Bald beginnt die Märchenstunde!“

Märchenbuch

Wie geheimnisvoll sieht es aus, wenn das Vorlesebuch einen besonderen Umschlag hat, aus Goldfolie oder glänzendem Stoff, mit aufgeklebten wunderlichen Zeichen. Beim Lesen brauchen die Kinder die Bilder im Buch nicht anzuschauen, das lenkt viel zu sehr ab. Es sind Ihre Stimme und die Erzählung, die in den Köpfen der Kinder eine bunte Phantasiewelt zaubern.

Märchensprache

Die Märchensprache ist die Sprache des Herzens und erreicht die kleinen Zuhörer tief in ihrem Gemüt. Eine Pause, ein Blick verstärken diese Wirkung. Die Geschichte wird erlebt. Erzählen Sie langsam, mit langen Pausen. Das ist die Zeit, die die Kinder zum Mitdenken brauchen.
Beginnen Sie immer mit einer gleichen Einleitungsformel, zum Beispiel: „Vor vielen, vielen Jahren lebte einmal ...“, und enden Sie immer mit dem gleichen Schlußsatz, zum Beispiel: „Ja, so war das vor vielen, vielen Jahren.“ Bleiben Sie dann still sitzen und warten Sie ab, bis die Kinder vom Märchenzauber wieder erwachen.

Eine Hexenhütte im Garten

Draußen im Garten steht etwas höchst Merkwürdiges: Ein Zelt. Und keiner darf reinschauen! Drinnen sind ein Schnarchen und leise, fremde Musik zu hören. Daß im Zelt ein Cassettenrecorder eingeschaltet ist, weiß niemand. Die Neugierde läßt die Kinder nicht mehr los, sie umringen das Zelt, die Spannung steigt. Endlich, wenn alle Kinder da sind, geht das Spiel los.

Das Spiel beginnt

Sie ziehen eine lange Papierrolle aus Ihrer Tasche, rollen sie auf und lesen vor: „Eine Nachricht von der Hexe Krixel-Krax an die Kinder: Euer Platz im Garten ist prima, da will ich jetzt wohnen. Keiner darf meine Hexenhütte betreten. Mein Hündchen paßt gut auf. Und daß mir ja niemand die Zauberschminke anfaßt!"

Fassungslos hören die Kinder zu. Die Älteren werden grinsen und beteuern, daß es ja gar keine Hexe gibt. Und die Jüngeren werden ein bißchen näher an Sie heranrücken. Man weiß ja nie!

Und was machen Sie? Darauf kommt es jetzt an! Haben Sie Spaß an solchen Phantasiespielen? Dann können Sie loslegen und die Kinder zum Mitmachen anstecken: „Was, in die Hexenhütte darf keiner reingehen? Das möchte ich jetzt erst recht! Wo ist die Zauberschminke! Wer sich damit schminkt, wird von der Hexe nicht erkannt!" So oder ähnlich könnten Sie weiterspielen und sich gar nicht auf die Diskussion einlassen, ob es Hexen gibt oder nicht. Schließlich steht ja das Zelt im Garten. Und das gibt es wirklich, das kann jeder sehen!

In der Hexenhütte

Die Zauberschminke ist ein buntes Gemisch aus Faschingsschminke. Ein kleiner Spiegel liegt daneben.
Wer auf allen vieren geht, als wäre er ein Hund, wird auch nicht von dem Hexenhündchen erkannt. Das wissen Sie aus alten Büchern und erzählen es den Kindern.
Der erste Blick durch einen Spalt des Zelteingangs macht die Überraschung perfekt: Da liegt ja wirklich die Hexe, schläft und schnarcht.
Im Zelt ist auf dem Boden eine alte Decke ausgebreitet, darunter sind Kissen so zusammengerollt, als läge jemand dort. Auch der Cassettenrecorder steckt unter der Decke. Doch wilde rote Hexenhaare sind zu sehen, das sind Büschel aus Wolle oder Bast. Ein bißchen Moos und kleine Ästchen in den Haaren lassen alles noch viel echter erscheinen. Auch ein Rockzipfel schaut hervor, und Schlappen sind zu erkennen. Ganz schön aufregend ist das.
Auf einer alten Kiste liegen Beeren und Kekse, ein Krug mit grüner Brause steht daneben, das ist der Hexentrunk!
Neben dieser Kiste liegt das Hündchen und schläft auch. Es hat sich unter dem Kopftuch der Hexe verkrochen, man sieht nur sein Hinterteil. Das ist ein ausgestopftes Webpelzstück, der Schwanz aus Webpelzbändern geflochten.

Das Spiel

Am Eingang des Zeltes liegt noch etwas, ein zusammengerolltes Pergamentpapier. Erst wenn eines der Kinder es entdeckt, wird es aufgerollt und vorgelesen:
„Liebe Hexe Krixel-Krax, daß du es auch weißt, wer von deinem Essen nascht und etwas von deinem Hexentrunk nippt, der wird für immer für Hexen unsichtbar sein. Dem kannst du nichts mehr anhaben! Also, paß auf deine Sachen auf, wenn du im Garten der Kinder bist.
Dein Freund, Zauberer Abrado."

Nun ist die Sache klar!
Natürlich wollen die Kinder vor der Hexe unsichtbar sein! Aber wie kommt man an die Sachen heran? Mutige voraus! Zu zweit geht es besser. Die älteren Kinder werden den Anfang wagen. Vielleicht machen Sie zuallererst auch mit?
Und später können die älteren Kinder den Jüngeren beistehen und mit ihnen nochmals in die Hexenhöhle krabbeln. Man kann auch zweimal Hexenkekse naschen!

Kindergeburtstag

Da steht das Geburtstagskind an der Tür, mit strahlenden Augen, voller Freude und Aufregung, schließlich hat es heute Geburtstag. Heute ist sein großer Tag! Ob es auch gebührend begrüßt wird? Na klar! Sie eilen dem Glückskind entgegen, gratulieren ihm, singen ihm ganz allein ein kleines Lied. Vielleicht dürfen Sie es auch in die Arme nehmen und fest an sich drücken und über die Türschwelle in den Gruppenraum tragen, daß alle anderen Kinder sehen, das ist heute unser Geburtstagskind!
Und die anderen Kinder drängeln jetzt herbei, umringen Sie beide, und eifrig brüllt die ganze Kinderschar ein „Dreimal Hoch!". Was für ein schöner Tag wird das heute! Da ist sich unser Geburtstagskind nun sicher! Die anderen Kinder beachten es, freuen sich mit ihm! Wie schön ist es doch, einmal im Jahr einen Ehrentag in der Gruppe zu haben!
So oder ähnlich kann der Beginn eines Kindergeburtstages im Kindergarten sein. Auf jeden Fall ein Tag, auf den sich die Kinder riesig freuen!

Na sowas!

Da schwappt manchmal das Geburtstagsfest im Kindergarten über in eine übertriebene Gästebewirtung. Die Geburtstagskinder schleppen Torten und Kuchen an. Jede Familie versucht, beim nächsten Mal die anderen zu überbieten. Nicht selten sorgt die Geburtstagsfamilie sogar für ein Mittagessen der Kinder, mit Würstchen und Pommes und sogar Schnitzel. Auch Überraschungspäckchen werden vom Geburtstagskind ausgeteilt, für jedes Kind eine Kleinigkeit, damit sich alle mit ihm freuen und keiner ihm seinen Tag neidet!
Na sowas! Da ist etwas schiefgelaufen!
Sollten nicht die anderen Kinder dem Geburtstagskind eine Überraschung vorbereiten?
Und wieder liegt es an Ihnen, ob Sie diese Sitten und Unsitten zulassen und weiter pflegen, oder ob Sie sich statt dessen Alternativen überlegen. Als gedankliche Unterstützung hier einige Anregungen dazu.

Das Extra-Programm

Darauf achten die Geburtstagskinder sehr, daß jedes Kind gleich wichtig genommen und einen gleich schönen Festtag haben wird. Aus diesem Grund wird in vielen Kindergärten jedes Jahr ein neues, für alle Kinder gültiges Geburtstagsprogramm erdacht.
Doch wer die Kinder genau beobachtet, der weiß, daß es nicht auf etwas Großartiges ankommt, sondern auf das schöne Erlebnis inmitten der Freunde. Schon Kleinigkeiten machen ein Fest aus, vor allem, wenn die ganze Gruppe eifrig mitfeiert.

Geburtstagslied
Alle Kinder stehen um das Geburtstagskind herum und singen ihm ein schönes Geburtstagslied.
Dann gratulieren alle und geben dem Glückskind die Hand, jeder einzeln. Was für ein schönes Gefühl, von allen beachtet zu werden!

Geburtstagsschmuck
Einen aus Kreppapier geflochtenen Kranz darf das Geburtstagskind heute tragen. Wenn das den Buben zu mädchenhaft vorkommt, dann bekommen sie einen aus Tonpapier gefalteten Hut mit einem Kreppapierbänderbusch.

Geburtstagsstuhl
Ein Stuhl ist mit Bändern, Fähnchen und einem besonders schönen Kissen geschmückt. Das ist der Geburtstagsstuhl, und darauf darf nur das Geburtstagskind sitzen, welche Ehre!

Geburtstagsspiele
Wenn das Kind auf dem Geburtstagsstuhl sitzt, dann darf es sich ein Spiel wünschen oder auch zwei oder drei, und ein Lied noch dazu! Und die anderen Kinder machen vergnügt mit, denn sie wissen, irgendwann im Jahr werden sie auch auf diesem tollen Stuhl sitzen und sich ihre Lieblingsspiele wünschen – und dann werden die anderen auch mitmachen!

Einladung zu Kuchen und Kakao
Die Kinder backen zusammen am Vormittag einen Geburtstagskuchen oder feine Kekse. Und das wird am Nachmittag an einem festlich gedeckten Tisch miteinander verspeist. Dazu gibt es feinen Kakao. Und wie wäre es mit Tafelmusik?

Geburtstagslied

Text und Melodie: Gerhard Schöne

Einen Glücksstern im Herzen
und ein Lachen im Mund
sechs brennende Kerzen,
das hat seinen Grund:
Tina hat heut Geburtstag!
Wir mögen sie so.
Bleib' nur recht lange,
recht lange froh!

Geburtstagsgeschenke

Ein Geburtstagslied, ein lautes „Dreimal Hoch“, eine Geburtstagskerze, ein besonderes Geburtstagsspiel und eine für alle Geburtstagskinder gleiche Art und Weise, wie der Ehrentag gefeiert wird, das würde bereits genügen, den Kindergeburtstag gebührend zu feiern, und alle wären glücklich dabei! Siehe auch S. 137.
Doch wenn es in Ihrer Kindergruppe seit Jahren üblich ist, daß das Geburtstagskind mit einem extra Geschenk beglückt wird, wird es kaum möglich sein, davon wieder Abstand zu nehmen. Deshalb sind hier Geschenkideen zusammengestellt, die die Kinder wirklich selbermachen können, und gemeinsam wird gebastelt!

Wunschposter

Jedes Kind schneidet aus Katalogen und Zeitschriften ein paar Dinge aus, die es gerne dem Geburtstagskind schenken würde, wenn es viel Geld hätte, zum Beispiel ein Segelschiff, eine Rakete, ein Puppenhaus, ein Fahrrad, einen Rennwagen, einen Löwen, einen Elefanten, eine Sonne, eine Blumenwiese …
Alle Bilder werden auf das Poster geklebt, und aus Kreppapierbändern wird ringsherum ein Bilderrahmen aufgeklebt.

Buchstaben-Bastelei

Der Anfangsbuchstabe des Namens des Geburtstagskindes wird riesengroß und breit auf Dekokarton gemalt und ausgeschnitten. Dann basteln die Kinder kleine Geschenke, wie zum Beispiel ein rotes Papierherz, eine winzige Perlenkette, ein geflochtenes Freundschaftsbändchen, eine Papierblume, ein Schiffchen aus einer Nußschale mit einem Papiersegel, eine Knetsonne mit Wollfäden-Sonnenstrahlen.
Wer will, kann gleich zwei oder mehr schöne Sächelchen basteln.
Zum Schluß kleben Sie alles mit der Heißklebepistole auf den großen Buchstaben. Ein tolles Geschenk!

Glücksbaum

In einen Blumentopf wird Gipsbrei eingefüllt und ein etwa 1 m langer, verzweigter Ast hineingesteckt. Wer hält den Ast fest, bis der Gips abgebunden hat? Das dauert nicht lange. Jetzt sieht es wie ein kleines Bäumchen aus.
Die Bastelei geht weiter: Jedes Kind malt auf Papier ein Glückszeichen, zum Beispiel ein Herz, eine Blume, ein Kleeblatt oder eine Sonne, schneidet sein kleines Bild aus und hängt es mit einer Wollfadenschlaufe an den Baum. Dann werden noch Kreppapierbänder oder kleine Buntpapier-Fähnchen an den Glücksbaum gehängt. Zum Schluß wird der Gips mit Moos zugedeckt. Fertig ist der Glücksbaum fürs Geburtstagskind.

T-Shirt

Ein T-Shirt bemalen die Kinder mit Stoffmalfarben. Wer kann, schreibt auch seinen Namen drauf. Dieses kunterbunte T-Shirt wird das Geburtstagskind gleich anziehen wollen.
Und am Sommerfest, wenn das Kindergartenjahr um ist, tragen alle Kinder ihre Geburtstags-T-Shirts. Was für eine tolle Sache, alle sehen mit dem T-Shirt ein bißchen gleich aus! Das gefällt der Kinderbande!

Hurra, ein Kinderfest!

Ein Kinderfest gehört zu den Höhepunkten der Kinderzeit. Und noch Jahre später werden es die besonderen Feste sein, an die sich die Kinder und später die Erwachsenen am besten erinnern. Schön wäre es, wenn auch ein paar Kindergartenfeste im Gedächtnis verankert blieben.

Das gehört zu einem schönen Fest:
gemeinsame Vorfreude, Vorbereitungen, bei denen die Kinder miteinbezogen werden, Heimlichkeiten, die den Kindern nur angedeutet, aber nicht verraten werden, ein festlich geschmückter Raum, auch daran beteiligen sich die Kinder mit Begeisterung, ein Höhepunkt, ein gemeinsamer Abschluß.

Tips für gelungene Feste

Thema
Das Kinderfest sollte ein bestimmtes Thema haben, nach dem man die Dekoration, die Einladung und das Festprogramm mit Liedern, Spielen und kleinen Aufführungen ausrichten kann.

Solche Themen könnten sein:
Spielplatzparty, Kartoffelfeuer, Regenwetterfest, Gute-Laune-Fest, Schneefest, Puppengeburtstag, Kinder-Olympiade, Piratentreffen, Zirkusfest, Gespenster-Ball, Farbenfest, Pfannkuchentag, Märchenfest, Bratapfelfest, Nußparty …

Gäste
Wer soll eingeladen werden? Die Eltern oder nur die Großeltern, vielleicht die Nachbarn oder die Leute aus dem Altenheim? Eine Idee wäre auch, die andere Kindergruppe des Kindergartens einzuladen, oder es gibt keine Gäste und die Kinder feiern miteinander, einfach so, einen ganzen Tag lang.
Anlässe dazu gibt es viele, zum Beispiel das Wiedersehen nach dem Sommerurlaub, wenn neue Kinder in die Gruppe kommen, wenn der erste Schnee fällt oder wenn Sommeranfang ist.

Höhepunkt
Der Höhepunkt eines Festes kann ein Theaterstück, ein Kasperlspiel, ein Tanztheater, eine Zaubervorstellung, ein Schattenspiel oder eine gelungene Märchenerzählung sein oder eine Aufführung durch die Kinder oder die Eltern. Oder Sie laden besondere Gäste wie zum Beispiel einen Zauberer oder eine Märchenerzählerin ein.

Abschluß
Ein Festabschluß ist zum Beispiel ein gemeinsamer Tanz oder ein Laternenumzug, ein Lagerfeuer, ein gemeinsam gesungenes Lied. Hauptsache, die Gäste wissen, jetzt ist das Fest zu Ende, und man kann nach Hause gehen. Manche wollen sicher noch ein Weilchen bleiben, um mit anderen zu plaudern. Vielleicht sind das dann die Helfer beim Aufräumen?

Das Fest-Management

Wer macht was? Und weil Sie nicht alles alleine machen können, gilt es, rechtzeitig viele Helfer zu gewinnen und die Arbeiten und Aufgaben zu verteilen. Jetzt sind Sie als Fest-Manager gefordert. Diese Checkliste kann Ihnen dabei behilflich sein:

- ☐ Fest-Termin
- ☐ Raum (Regenwetter?)
- ☐ Einladung
- ☐ Gästeliste
- ☐ Fest-Thema
- ☐ Dekoration
- ☐ Programmpunkte
- ☐ Höhepunkt
- ☐ Abschluß
- ☐ Kinderspiele (Preise?)
- ☐ Tombola
- ☐ Flohmarkt
- ☐ Essen
- ☐ Getränke
- ☐ Geschirr, Besteck
- ☐ Tische und Stühle
- ☐ Aufräumen
- ☐ Musik, Lautsprecher
- ☐ Mikrophon
- ☐ Fotograf
- ☐ Pressemitteilung
- ☐ Parkmöglichkeiten
- ☐ Nachbarn informieren
- ☐ Finanzen
- ☐ Dankeschön an alle Helfer